삶의 무기가 되는
독서 습관 ▢

삶의 무기가 되는 독서 습관

초 판 1쇄 2021년 06월 09일

지은이 정두리
펴낸이 류종렬

펴낸곳 미다스북스
총괄실장 명상완
책임편집 이다경
책임진행 박새연, 김가영, 신은서, 임종익

등록 2001년 3월 21일 제2001-000040호
주소 서울시 마포구 양화로 133 서교타워 711호
전화 02) 322-7802~3
팩스 02) 6007-1845
블로그 http://blog.naver.com/midasbooks
전자주소 midasbooks@hanmail.net
페이스북 https://www.facebook.com/midasbooks425

© 정두리, 미다스북스 2021, *Printed in Korea*.

ISBN 978-89-6637-922-4 03190

값 **15,000원**

미다스북스는 다음세대에게 필요한 지혜와 교양을 생각합니다.

독서로 열정, 위로, 긍정, 지혜, 자존감을 얻는 방법

삶의 무기가 되는 독서 습관

정두리 지음

미다스북스

무기가 아무리 고급지고 최신식이어도 총알이 없으면 발사되지 않는다. 삶을 살아가는 가장 큰 무기는 '자신'이다. 총알은 책을 통해 접하는 지식이다. 지식을 충분하고 다양하게 받아들이면 본질에 한 발자국 가까워진다. 지혜는 경험과 통찰이 잘 버무려진 양념과 같다. 삶의 본질을 꿰뚫는 진리를 깨닫는다면 두고두고 꺼내 쓸 초강력 무기가 완성되는 것이다. 폭발력이 최상급인 무기를 곁에 두는 것과 같다. 인생에 두렵거나 불안할 것이 없다. 그래서 자신이 중심이 되는 것이 무엇보다 중요하다.

"인생을 다시 살고 싶으면 새로 태어나는 수밖에 없다."라는 말이 있다. 살고자 할 때 책이 나를 살렸다. 자존감이 바닥을 치고 우울증이 찾아오고 상처받은 존재에게 기운을 북돋는 것은 없었다. 직장생활도 그저 그랬다. 인간관계도 기대는 없었다. 다만 꿈 하나만 갖고 있었다. 그리고 무작정 방법을 찾아다녔다.

실패는 두려웠다. 도전보다는 안정을 추구하며 살았다. 부정적인 생각들은 잠자리를 괴롭혔다. 무엇 하나 특출난 사람이 아니었다. 다른 사람을 탓하기 바빴다. 모든 책임에서 스스로는 쏙 빠졌다. 편안함이 지속이 되길 원했다. 한 방에 인생이 역전되는 허황된 꿈을 꾸었다. 그러나 그런 고속도로는 없었다. 만약 그런 길이 있다면 당장 빠져나오라고 말하고 싶다. 왜냐하면 어떤 위험한 일이 벌어질지 모르기 때문이다.

우리는 자동차와 같다. 겉을 반지르르하게 꾸미고 문양을 달 수 있다. 그러나 자동차가 오래가는 비결은 엔진과 내부 상태를 최상으로 만드는 것이다. 속을, 내면을 가꾸는 것이다. 아무리 빠른 스포츠카를 몰아도 자동차의 엔진 상태를 호전시키지 않는다면 그 차는 빛 좋은 개살구다. 차의 활용도가 떨어질 것이다. 시속은 오르지 않고 굉음만 낼 것이다.

인생은 실전이다. 정신을 바짝 차리고 살아야 한다.

책을 읽으면서 자신을 제대로 파악하는 방법을 찾았다. 자신만 정확하게 알아도 이제는 성공할 수 있는 시대가 되었다. 1인 창업, 언택트 시대에 콘텐츠만 있다면 가능하다. 모두 가능하다. 무언가를 새롭게 시작하거나, 막다른 길에 부딪힌 사람들이라면 썩은 동아줄이라도 붙잡는 수밖에 없다. 책이라는 동아줄을 붙잡아봐라. 분명히 변한다.

1권을 100권으로, 1년 동안 시간과 양을 늘렸다. 이제는 나의 생명줄이 되었다. 학교에서 배웠던 원칙이나 울타리가 사회에도 비슷한 법칙으로 존재했다. 이렇게 핵심을 파악하게 되면서 나 스스로 가장 많이 변하였다.

생각을 정리해내기 시작했다. 가장 크게 변화된 것은 '생각'이었다. 자신이 내뱉는 말은 대부분 형태가 있다. 부정적인지 긍정적인지 방향을 살펴봐라. 그 안에 자신의 과거, 현재, 미래가 전부 포함되어 있다. 울타리가 없는 전쟁터로 나섰다. 생각하는 법이 전부다. 부정적인 감정을 긍정적으로 빠르게 전환하는 법이나 성공하는 사람들의 마인드를 배웠다.

책이 신기한 부분은 '자기 언어화'가 가능한 점이다. '이것을 해야 한다, 저것을 해야 한다.'라고 하는 기술들은 넘쳐난다. 결국은 복잡한 가치들의 상위 개념을 알면 하나의 문장으로 관통할 수 있다. 자신에게 가장 의미가 와닿았던 단어로 표현할 수 있다. 적절한 단어를 찾는 재미까지도 느끼게 해줄 수 있다.

고유한 자신만의 가치는 누구에게나 있다. 어떤 재능을 지니고 있는지는 자신이 알고 있다. 우리의 삶은 그것을 발굴해내는 현장이다. 그러면서 주변 사람들과 어울리는 방법을 찾아내고 편안한 방식으로 조화롭게 살 수 있는 것을 모색한다. 실천적인 방법은 각자가 가지고 있다. 우리는 '자신만의 가치'를 깨어나게 하기만 하면 된다.

이 책에서는 나 자신이 방황하며 시행착오를 겪었던 과거를 위로하고 있다. 과거는 뛰어넘어야 한다. 다만 잘 위로하고 실패의 원인을 찾아서 짚고 넘어가고자 한다. 그래서 자전적인 면이 많다. 책 한 권으로 인생을 변화시킬 수도 있다. 그 시작을 응원한다. 혹은 방황하는 중인 사람들에게 도움이 되었으면 하는 바람으로 작성했다.

실천적인 사례가 담겨 있고 의식을 키우는 책들이 인생에 도움이 되길 바란다. 내가 해낸다면 여러분도 해낼 수 있다. 부정적인 과거를 벗어나게 된 것이 반년이 채 안 된다. 목표를 가지고 바로 실행해보자.

『네 안의 잠든 거인을 깨워라』 저자도 많은 기회와 나를 발견하는 기쁨을 누렸다고 한다. 큰 동기부여를 주는 책이 되었다. 나도 다른 사람으로 하여금 동기부여를 하게 하는 사람이 되고 싶다.

그동안 사랑으로 키워주신 부모님에게 감사를 전한다. 소중한 오빠, 언니, 올케언니, 조카들에게도 그동안 전하지 못했던 마음을 표현해본다. 이 책이 나오기까지 암암리에 많은 도움을 주었다. 기다려주고 이해해주었던 모든 것이 고마웠다.

우연이 인연이 된 〈한책협〉의 김도사 코치님께도 감사하다. 삶을 돌아보게 도와주시고 제대로 된 성찰 방법을 알려주셨다. 존경하고 고마운 분이다.

목 차

2장 책을 습관처럼 읽었더니 내가 바뀌었다

3장 책벌레들이 책에서 지혜를 얻는 방법

4장 삶의 무기가 되는 독서 습관

5장 지금부터 인생을 바꾸고 싶다면 읽어라

1 장

정말 힘든 순간은
한꺼번에 찾아온다

01

열심히 살았는데 왜 실패자 같지?

●

●

　이 책을 펼친 당신에게 묻겠다. 당신은 얼마나 최선을 다하여 열심히 살아왔는가? 남들과 끊임없이 비교하며 경쟁 속에서 살아남으려 아등바등 애쓰고 살아왔는가? 초 · 중 · 고등학교까지 나왔는데 어떻게 살아야 하는지 갈피를 못 잡았는가? 지금도 스펙을 쌓는 중이거나, 직장에서 승진하려 하거나, 삶에 지쳐 잠시 휴식 좀 취하고 싶은가? 이렇다 할 성취 없이 세월만 흘렀는가? 인생을 뒤돌아보았더니 안개 같은가? 앞으로 나아가려고 보니 망망대해에 정처 없이 떠다니는 것 같은가?

　그렇다. 이건 전부 내 이야기다. 나는 그렇게 열심히 살아왔다. 나 자신을 위로하지도 못한 채로 지금까지 앞만 보며 살아왔다. 그래서 이야기하고 싶다. 나에게 보내는 위로이자 나와 같은 삶을 살아온 다른 사람들에게 보내는 위로와 사랑을 이야기할 것이다.

　우리가 실패를 어떻게 생각해야 할지 고민하기 시작하는 계기가 있다. 그 실패를 어떻게 받아들이냐에 따라서 미래에 펼쳐질 자신의 운명이 좌우된다고 믿는다. 누구나 자신만의 기준으로 열심히 살아본 경험이 있을 것이다. 술자리에서든 친구에게든 풀어낼 사연 하나는 있을 것이다. 나는 대학 생활의 기억이 그랬다.

　어떤 것이든 '정직하고 신념 있게 살겠다.'라는 로망이 있었다. 사람들을 만날 때도 아이스 브레이킹용 농담을 하고 진지한 대화를 주로 했다. 이상적인 것에 꽂힌 사람이었다. 그래서인지 사람들을 만나고 올 때면 진이 빠져서 지쳐 잠들곤 했다. 내가 하루에 만날 수 있는 사람의 숫자는 3명이었다. 사람에게 줄 수 있는 기운의 농도를 1단계에서 10단계까지 놓는다고 가정해보자. 1단계가 가장 낮은 단계이다. 나누는 대화의 장르에 따라 기운이 소진된다. 예전에는 요령 없이 7, 8단계를 계속해서 사용하였다. 그래서 세 명이었다.

　그렇게 타인과 진지하고 깊게 관계를 맺어야 한다는 신념을 가졌던 내가 정반대의 경험을 할 기회가 있었다. 학우 2만 명을 상대로 총학생회 선거에 나간 적이 있었다. 하루에 세 명을 만나면 녹다운되던 나에게는 도전과 같은 일이었다. 자신은 없었다. 꼭 출마를 해야 하는 큰 뜻도 없었다. 그렇게 한 달의 시간을 고민하였다.

'이것을 잘 해낼 수 있을까?'

'그래. 젊어서 고생은 사서도 한다는데. 이 정도 경험쯤 해봐야지. 나한테 발전도 되고 얼마나 좋아? 열심히 살아봐야지! 좋은 기회다. 해보자.'

마음이 뒤죽박죽, 생각이 많은 시간이었다. 기왕 시작하는 거 열심히 해봐야겠다고 생각했다.

선거가 시작되자 시간이 쏜살같이 지났다. 선거가 모든 일상의 1순위였다. 온 힘을 선거 운동에 쏟았다. 기간은 한 달이었다. 한 달 동안 아침 7시부터 새벽 2시까지 이어지는 일정이 빡빡했다. 아침마다 지각하지 않으려고 택시를 탔다. 택시 안에서 자는 쪽잠이 꿀맛 같은 휴식 시간이었다.

광주는 약 140만 명이 산다. 인구가 가장 적은 지역구도 대략 10만 명이 산다. 지역구의원이 책임지는 숫자이다. 우리 팀의 슬로건은 학우들의 불만을 바꿔줄 '생각이 다른 총학생회, 기호 1번 불만 제로'였다. 스스로에게도 '나는 5%의 구의원이다!'라고 암시했다. 이런 자부심을 지니고 하니 자신감이 점점 차올랐다.

학우들이 아침 수업을 듣기 위해서 이동하는 시간이 선거 운동을 할 절호의 기회였다. 학우의 대략 20%가 이 시간대에 이동했다. 우리는 반드시 팸플릿을 나눠줘야 했다.

이것이 끝나면 1교시부터 야간 마지막 수업 때까지 강단을 돌아다니며

5분 연설을 했다. 수행해주는 후배를 포함해서 2인 1조가 되어 움직였다. 팀의 승리를 위해서 마련된 전략가들인 '독수리 5형제' 선배들도 구성되었다. 온전히 후보들에게, 우리 팀에게 집중해주었다. 그 외에는 강단 연설의 스케줄을 잡거나 리포트를 작성하거나 정기고사의 시험을 준비하기도 했다. 나는 대학생 신분이기도 했다.

한 달 동안 치열하게 살았다. 개표 결과를 공개하는 첫 번째 자리였다. 투표의 마지막 순간에 학우들은 우리에게 큰 지지를 해주었다. 그래서 조금의 기대를 하며 결과를 기다렸다. 마음이 홀가분하면서 될 것이라는 확신이 있었다.

"1등은 기호 1번 불만 제로, 2등⋯."

'와~!'

하며 활짝 웃었다. 이내 미소를 감추고 평정심을 유지했다. 그러나 그 결과는 실패한 1등이었다. 허탈했다. 받았다가 뺏기는 기분이 들었다. 마음속에 복잡한 감정이 소용돌이쳤다. 투표수가 오차 범위를 벗어나지 못해 무효 처리되고 재선거로 결정 났다. 그 말은 다시 원점으로 돌아가는 것과 같았다. 쓸쓸한 패배감이 휩쓸고 두 달간의 과정이 주마등처럼 스쳐 지나갔다. 차마 팀원들이 모이는 동아리 건물로 들어가지 못하고 계단에서 소리 없이 울었다.

이 선거를 통해서 나에게 남은 것은 두 가지였다.

그 한 가지는 실패라는 뼈아픈 교훈이었다. 팀을 위해 고생해줬던 팀원들 얼굴이 한 명 한 명 떠올랐다. 지지하고 응원의 소리를 보내준 학우들의 음성이 들렸다. '어련히 잘하겠지.' 하며 묵묵히 뒤에서 지원하고 응원해주신 부모님, 나를 지지해주는 방문을 했던 친구들이 떠올랐다. 그리고 이 과정을 버텨준 내가 자랑스러우면서 안타까웠다.

뒤풀이 회식 자리를 열었다. 서로에게 수고했다는 인사를 전했다. 더 이상의 말은 하지 않았다. 앞으로 또 가야 할 길을 위해 마음을 다잡아야 했다.

집중해줬던 약 두 달 동안 20명 남짓의 팀원들은 거의 동고동락하면서 정이 많이 들었다. 작은 사회가 움직이는 힘을 느꼈다. '나는 5%의 구의원이다.'라는 꿈을 꾸면서 행복했다. 꿈이 주는 가치는 어마어마한 영향을 미친다는 것을 알았다. 동시에 같은 것을 꿈꾸는 사람들의 소중함을 얻었다. 밤만 되면 다음 날을 위해서 선전물을 만들면서 수다 떨던 시간, 티 없이 밝은 20대 초반의 명랑함, 서로를 웃기기 위해 장난치고 힘을 주던 기억들은 아직도 잊지 못한다.

그렇다면 나는 실패자인가?

선거가 끝나고 이 문제에 대해 밤새워 고민하기 시작했다. 질문을 파고들었다.

'나는 스펙을 쌓기 위해서 이 선거라는 도전을 시작했었나?

주변의 기대의 눈에 부응하기 위해 등 떠밀려 선택하였나?

어떤 선택이었든 내가 가지고 가고자 하는 것은 내 몫이 아니었나?'

답이 없는 질문의 연속이었다. 실패했다는 사실에 승복해야 했고 받아들여야만 했다. 그 안에서 남길 만한 교훈은 있어야 했다. 두 달의 공들인 시간을 보상해야 했다.

한계까지 몰아붙여서 내가 해낼 수 있다는 자신감, 열심히 살았다는 만족감이 있었다. 그때 느꼈던 기분으로는 어느 것이든 다시 도전해볼 수 있었다.

'믿고 갈 사람들이 있고, 젊음이 있고, 신체가 건강한데 못 할 것이 무엇이랴?'라고 생각했다. 어릴 때부터 어른들은 "열심히 살면 보상은 따라오게 되어 있어. 성실하게 살아라."라고 하셨다. 그 말 속에 숨은 의미를 파악하기 위해 우리는 실패를 할 것이다.

열심히 살아온 인생은 결과가 없이는 빛을 발하지 않는다. 당연히 해야 할 기본사항일 뿐이다. 풋내기 어린 시절 겪는 패배였다.

대학 선거의 세계도 작은 사회였고 나는 짧은 순간 그 사회에 몸담았다. 그 안에는 '골리앗과 다윗'의 싸움도 존재했다. 서로를 헐뜯는 공방전도 존재했다. 그러나 취업을 할 때는 도움이 되지 않는 실패의 경험이었다. 사회에 나와서는 실질적인 도움이 되지 않았다. 이력서에 한 줄조차 작성하지 못했다. 사회라는 곳은 벽으로 겹겹이 쌓여 있었다. 단지 나는 한 겹 뚫어봤을 뿐이었다. 미미하게 쌓인 얇은 막을 벗겨낸 거였다. 소설 『해리포터』처럼 주문으로 이 벽을 뚫을 수 있는 마법의 지팡이 같은 건 없었다.

분명한 것은 실패한 경험은 인생에서 하나의 점을 찍을 만한 사건이 된다. 지금도 열심히 할 때면 그때의 감정과 열정이 느껴진다. 이렇게 열심히 살았던 시절이 있었다는 기억이 어떤 문제를 헤쳐나가야 할 때 무척이나 도움이 된다.

02

나는 확실하게 하고 싶은 게 없었다

●

●

백문불여일견(百聞不如一見), 불여일착(不如一着).

내가 좋아하는 고사성어이다. 인생은 살아봐야 알고 사람은 겪어봐야
아는 것이다. 한 번에 판단하거나 재단할 수 없다. 선택하는 판단 기준은
자신의 경험에 의존하는 바가 크다.

대학을 졸업한다고 해서 부자가 되는 것이 아니고, 부자라도 전부 명
문 대학 출신들도 아니다. 세상만사가 그랬다. 된장인지 똥인지 찍어 먹
어봐야 안다. 경험은 자신의 모든 것에 묻어난다. 하룻강아지들은 범이
무서운 줄 모르고 짖고 달려들고는 한다. 그러다가 한 번 호되게 당하면
쉽게 다가가지 않는다. 선택을 어려워하는 사람들은 경험치가 덜 쌓여서

그렇다. 그래서 우리의 삶은 경험을 기반으로 선택이 된다.

　내 꿈은 시시때때로 바뀌었다.

　부모님이 자주 말해주는 사연이 있다. 유치원에 다니던 어느 날, 내가 엄마에게로 가서 이렇게 말했다고 한다.

　"엄마, 나는 커서 슈퍼 사장님이 될 거야."

　당시에는 슈퍼가 엄청나게 커 보였고 많은 현금을 받는 사장님이 부러웠다. 부자가 되고 싶었다. 그래서 유치원에서 장사 체험을 하는 날은 큰 소리로 "사과 사세요!"라고 외치며 팔았다. 그렇게 부모님은 내가 언젠가는 사장님이 될 것이라고 믿고 있었다.

　나의 호기심은 대단했다. 청소년기에 취미는 미국 드라마(이하 미드) 보기였다. 미드 〈프렌즈〉, 〈CSI〉 시리즈가 방영되었다. 거기에 나오는 주인공들이 멋져 보였다. 그래서 나도 영어 회화를 유창하게 터득해 주인공들을 만나러 미국으로 가고 싶었다. 그렇게 내 영어시험의 점수는 쑥쑥 올랐다. 영어 말하기 대회에 나가서 상도 탔다.

　어쩌면 통·번역가를 직업으로 삼는다면 돈도 많이 벌고 멋있을 것 같았다. 막연한 생각이었다. 어느 날, TV에 나오는 동덕여대 개그 동아리 언니들이 '재밌다.'라고 생각해서 대학 목표를 동덕여대로 설정하던 시절이었다. 친구들에게도 입버릇처럼 "영어를 배울 거야."라고 다짐하곤 했다.

또 다른 꿈은 세상을 바꾸는 이상주의자였다.

돈은 벌지 않고 세상을 바꾸기 위해서 시간과 열정을 쏟았다. 어른들이 보기에는 세상 물정 모르는 이상만을 꿈꾸던 다윗이었다.

"네가 세상을 아직 몰라서 그래. 자본주의는 돈을 벌어야 해."

이 말들은 나를 더욱 정의감에 불타오르게 했다. 이제는 돈이 중요한 문제가 아니었다. 사회의 부당함을 참고 지켜보고 있기에는 내 피가 끓고 있었다. 더불어 나의 도움을 필요로 하는 사회의 어느 곳에 선한 영향력을 끼치고 싶었다.

대한민국에는 약 5천만 명의 인구가 살고 있다. 5천만 명의 파워가 모이면 얼마나 큰지 우리는 역사를 통해서 알고 있다. 최근에 일어난 한 착한 치킨집 사장님 '돈쭐 사건'을 보아도 알 수 있다. 코로나로 소상공인들이 전부 어려워지고 폐업이 늘어났다. 그때 배고픔에 지친 청소년 형제에게 무료로 치킨을 나눠준 사연이다. 이를 접한 전국의 사람들이 배달 주문을 넣고 실제 치킨은 받지 않는 등 선한 영향력에 대한 보답이 있었다.

작은 목소리들이 모여서 역사를 바꾸는 일은 어디에서나 발생할 수 있는 일이다. 선한 영향력은 그 사람의 배경보다 선한 동기에 초점을 맞춘다. 아르바이트로 생계를 유지하면서 본업은 세상을 바꾸는 사람이라고 믿었다. 희망을 바라보면 희망만 보였다. 벽화 봉사, 연탄 봉사, 1인 시위, 5 · 18 행사 참여, 사회 문제 행사 등에 빠짐없이 참여했다. 7년 동안 열정적인 이상주의자로 살았다. 그리고 그러한 활동들을 그만두기로 마음먹었을 때 내 나이는 20대 중반이었다.

넘치는 호기심을 채우다가 브레이크가 걸렸다.

무기력은 내가 쏟은 열정에 비례했다. 120%의 마음을 쏟은 곳에 그만큼의 구멍이 나면 다시 메우는 과정에서 오는 현상이 무기력이다. 나는 열정을 바쳤던 지난 7년에 대해 회의를 느꼈다. 이상주의자에게 필요한 것은 이상에 대한 확고한 믿음이다. 하지만 그 이상이 깨지는 데 걸린 시간은 한순간이었다. 두 개의 톱니바퀴가 맞물려가는 기계에서 하나의 속도가 어긋나고 있었다. 언제 폭발할 것인가는 시간문제였다. 나의 적성에 맞지 않다고 여겨지는 부분들이 여기저기서 펑펑 터졌다.

회의감이 썰물처럼 다가왔다. 속상하고 아까웠다. 변하지 않는 현실을 몇 차례 겪으면서 허무함이 더 컸다. 사람을 믿고 소중히 하는 가치관이 현실에서는 보이지 않았다. 실망의 연속이었다. 이렇게 살다가는 내 인생 또한 변화하지 못할 것 같다는 생각이 들었다.

세월을 한탄만 하다가 동시에 일정 부분 나를 놓아버렸다. 그동안은 앞만 보고 달렸던 충성심 깊은 말이었다. 오직 목표는 하나였다. 그러다가 그 목표를 잃어버린 것이다. 나를 잃어버린 것만 같았다. 무엇을 보고 살아야 하는지를 잃어버렸다. 미래에 대해 생각도 하기 싫었다. 후회하고 또 후회했다. 온통 사는 게 사는 것이 아니었다. 하루하루를 버텨내며 보냈다.

가장 크게 느껴졌던 변화는 시간이 남아돈다는 것이었다. 처음에는 마음 편하게 쉬는 것이 좋았다. 그전에는 하루 14시간 이상 일을 하거나 사람들을 만났었다. 하지만 오후까지 자도 남는 것이 시간이었다. 할 일이 없었다. 사람들과의 왕래도 없었다. 만나는 사람 한 명도 없이 그런 식으로 나 자신을 고립시켰다.

당시에 나는 본가를 나와서 독립해서 작은 3평 남짓의 원룸에서 살았다. 내 마음 내키는 대로 사는 나를 비난하는 부모님의 잔소리가 듣기 싫었다. 그 눈길이 싫었다. 길이 보이지도 않고 누구 하나 알려주지도 않는 상황이 싫었다.

하고 싶은 일도 없었고 생활비도 없어서 아르바이트하면서 근근이 먹고살았다. 돈이 생길 때마다 먹는 것으로 스트레스를 풀기 시작했다. 그렇게 살이 10kg 이상 쪘다. 사람들을 만나기가 싫어졌다. 배가 고프지 않은 걸 알면서도 공허한 마음에 꾸역꾸역 먹을 것을 입에 넣었다. 먹는 동안은 잠깐 좌절의 늪에서 나올 수 있었다. 일시적으로 행복한 그 감정에 혹했다. 정신을 차릴 수가 없었다. 밑 빠진 독에 음식 넣기였다.

새로이 할 것을 찾아야 했다. 또래들에 비해서는 늦은 경제 활동을 시작해보게 되었다. 나는 꿈을 잃은 노동자에 불과했다. 무엇을 위해서 일하고 돈을 버는지도 모르고 처음 생각했던 선한 영향력에 대한 가치마저도 흔들렸다.

무기력을 벗어나지 못한 채 1년이 지날 때였다. 유일하게 연락하고 위로가 되어주던 사람이 있었다. 그 사람이 없었으면 버티는 것이 힘들었을 것이다. 그가 나에게 공무원 공부를 하자고 권유했다.

보통 취업 준비는 중소기업에 들어가서 일찍부터 경력을 쌓거나, 공기업이나 대기업에 들어갈 준비를 하거나, 전문 자격증을 취득하거나, 유학을 위해 해외로 가거나 이런 선택을 하였다. 나는 사회 보장과 급여가 확실한 정규직으로 일하지도 않았고 아르바이트만 전전하고 싶었다.

취업 시장은 정보가 전부이기도 하다. 어느 기업의 최신 일자리 정보, 선배들의 기업문화 일화, 기업별로 먹히는 자격증의 기준 등을 모르면 취업하기가 힘들었다. 나는 그런 정보를 알 턱이 없었다. 전혀 관심도 기울이지 않았다. 그렇다고 공부에 전념할 만한 정신도 아니었다. 무기력은 나를 잡아먹고 있었다. 아무것도 하기 싫었다. 나를 보살피지 못했다. 문득 이런 생각이 들긴 했다.

'1년이 이렇게 길었나? 나 하나 들어갈 곳이 없을까? 뭐하면서 살아야 하나?'

'얻은 것은 무엇이고 실패한 것은 무엇이고 이를 통해서 나는 어떻게 살 것인가?'

올바른 방향을 설정하고 계획하며 살아가야 한다.

하고 싶은 것을 하는 것에도 요령이 있다. 최선과 최악을 전부 예상해보고 계획해서 취할 것과 버릴 것을 알아야 한다. 이 세상 모든 경험을 전부 겪어볼 수는 없다. 내 경험을 토대로 살아가는 방향을 잡고 올바로 가고 있는지만 잘 점검하면서 살아가야 한다. 인간은 혼자서 살 수가 없다. 그렇기에 주변에 고민을 이야기하거나 조언을 들을 수 있는 소중한 사람들과 함께 지내야 한다. 무엇보다 내게 닥쳐오는 것들에서 보호하고 건강하게 유지해야 한다.

나를 사랑하는 방법을 몰랐었다. 숱한 경험들이 쌓여갈수록 나 자신은 잃어갔다. 정확하게는 내가 하는 선택에는 콕 집어서 원하는 방향이 없었다. 가장 믿었던 신념이 흔들리는 시기였으니 더욱 어쩌면 좋을지 몰랐다. 그랬기에 에너지는 소진되어갔다. 등대가 없는 망망대해를 표류하고 있는 뱃사공 같았다.

03

내가 옮긴 직장만 열세 군데이다

●

●

"직장을 한군데만 진득하게 다니는 것이 정도(正道)이다."

"왜 이렇게 끈기가 없냐?"

"돈도 벌면서 살아야지 않겠냐?"

"안타깝다. 불쌍하다."

이런 시선에서 벗어나 자유로울 수 있는 것은 자신이 정한 가치의 기준이 무엇이냐에 달려 있다.

당신은 어떤 것에 가치를 두고 살고 있는가? 나는 돈을 벌어서 자유롭게 살고 싶었다. 이제는 가치나 신념보다 더욱 중요한 것이 되었다. 평생을 고민하지 않았던 직업 분야에 관한 공부와 시행착오가 필요했다. 그래서 두 가지를 줄 수 있는 직장을 찾아 열세 군데를 옮겨 다녔다.

머릿속 시스템은 적금, 예금이 아는 것의 다였다.

대학교를 졸업할 때까지 한 달에 20만 원의 용돈을 받으며 살았다. 사업가 부모님의 가르침 속에서 나는 자본주의와 반대되는 사람이었다. 큰돈을 만져본 적도 없었고 그런 돈을 벌겠다는 생각도 하지 않았다. 용돈으로 한 달을 쪼개서 저축하고 생활비로 사용하는 용돈을 받는 것에 완벽하게 물들었다. 돈의 흐름을 볼 줄 몰랐다.

버스를 타고 다니는 교통비조차 아까워서 왕복 2시간 거리를 걸어서 통학했다. 걸으면서도 운동이 된다고 행복해했다. 어떻게 돈을 불려야 하는지를 몰랐다.

갑작스럽게 부모님이 용돈을 주지 않는다는 통보가 내려졌다. 적잖이 당황했다. 그렇지만 경제적인 자립을 꿈꾸었기에 지금 고생을 하면 피가 되고 살이 되리라 믿었다. 그래서 아르바이트를 할 수 있는 만큼 다했다. 하루 세 개의 일을 하기도 했다. 번역에 대한 꿈을 실현할 기회도 생겼다.

우연히 접한 번역 아르바이트 공고를 보고 이력서를 집어넣었다. 붙을 것이라는 자신감이 있었다. 그리고 문자가 왔다.

'훌륭한 인재를 모실 수 없게 되어….'

꼭 할 것이라는 오기가 생겼다. 다시 이력서와 함께 짧은 어필하는 글을 덧붙였다. '1차에도 지원했으나 불합격을 받았다. 내 꿈이기도 했고 나는 잘할 자신이 있다. 영어 공부도 꾸준하게 해오고 있다.' 내 마음이 통했는지 번역을 시작했다. 뜻이 있는 곳에 기회가 있었다.

번역하는 것은 매스컴에서 보았던 것처럼 멋진 일이 아니었다. 생각보다 기술적인 부분에 대한 실용 번역 일이 더 돈이 됐다. 월급도 아주 많진 않았다. 수요보다 공급이 많은 직업이었다. 당시 나의 몸값은 시급으로 최저임금 수준에 불과했다.

부와 꿈을 조화롭게 꾸려야 한다.

청소년 단체에 다니면서 돈을 모으고는 싶었으나 생각만큼 잘 실현되지 않았다. 노동 대비 시간을 투자하며 돈을 버는 방법이 최선이었다. 게다가 중요한 선택을 할 때는 돈보다는 가치에 무게를 두었다. 가치가 있다고 판단이 되면 돈을 벌지 못해도 참고 희생했다. 나중에 이런 가치들이 나에게 돌아온다고 생각을 했다.

그런데 이런 가치들에 대해서 의문이 든 온 순간이 있었다. 당시 일하던 사무실 근처로 자주 가던 식당이 있었다. 식당 이모님들과 살갑게 안부도 묻고 지냈다. 하루는 이모가 나에게 홀 서빙 스카우트 제의를 했다.

"아가씨는 점심에는 뭐해? 인상이 너무 좋다. 우리 가게에서 점심시간 2시간만 홀 서빙 좀 해. 시급 1만 원으로 해서 쳐줄게."

너무나 좋은 제의였다. 당시 최저임금은 4천 원대였다. 나는 두 배의 시급으로 한 달을 버틸 금액을 벌 수 있었다. 무엇보다 나를 좋게 봐주는 이모들에게 감사했다.

하지만 나는 회사에 소속된 직원이었다. 대표에게 문의해보니 바로 안 된다고 거절하였다. 나는 이 단체에서 하루 12시간 이상을 보내고 있었다. 월급은 50만 원을 받았다. 다른 아르바이트도 병행했다. 일의 유동성이 있는 곳이었고 대표도 아르바이트를 허용했으니, 이 정도는 허용이 가능할 것으로 생각했다. 주어진 일만 잘 처리하고 모임을 잘 꾸려가면 되는 곳이었다.

그렇지만 대표의 말에 소심해져 반항도 하지 못했다. 대표도 단체를 꾸린 지 얼마 안 되는 신참내기였다. 속으로 이해가 되지 않았다. 식당 이모들보다 더 생각해주지 않는다고 느꼈다.

그렇게 돈을 벌기 위해서 다른 방법을 고민할 때 또 좋은 기회가 찾아 왔다. 한 고등학교에서 시간강사로 주 2회 수업을 할 수 있게 되었다. 대학교에서 취득한 교원자격증도 활용할 수 있었다. 가르치는 실력을 검증할 기회였다. 시급도 일반 노동에 비해 많았다.

떨리는 첫 수업을 앞두고 잘 해내고 싶어서 밤새워 수업 대본을 준비했다. 다양한 방법으로 시도해보려 정보를 찾았다. 교육 실습을 들으면서 익혔던 기술들도 적용하고, 머릿속으로 시뮬레이션을 50번은 했다.

열정에 가득 차서 두레 같은 학생 참여형 토의 수업을 진행하고자 하는 욕심도 났다. 일주일에 단 2시간 수업을 가르치는 시간강사였지만 많은 것을 시도할 수 있었다. 첫 수업에서 자기소개를 시켜보며 학생들과 적응하는 시간을 가졌다. 그러나 시간이라는 현실적인 한계에 부딪히고 말았다. 결과적으로 수업을 통해 남긴 것은 단어 하나를 더 외우게 하는 것뿐이었다.

주변에서는 "이제 선생님이 되는 것이냐?"라는 기대에 찬 물음이 많았다. 스스로 집중과 선택을 해야 하는 기로에 있었다. 그래서 변신을 하며 기분 전환을 했다. 어깨를 넘기는 머리카락 길이를 짧게 잘라 숏커트로 바꿔버렸다. 이런 모습과 내 열정을 느끼고 좋아하는 학생이 어느 날 문자를 보냈다.

'선생님 따라서 저도 숏커트 했어요! 너무너무 좋은 선생님. 감사합니다.♡♡'

돈보다 더 소중한 가르침을 배웠다. 학생들의 순수함을 느낄 수 있었다. 수업을 가르치고 무언가를 줘야 하는 역할이 선생님이다. 그 관계에서의 서열은 없다. 예의와 주고받는 공존만 존재한다. 이 문자로 서로에게 좋은 영향을 끼치는 친구가 될 수도 있다는 것을 사실을 새롭게 깨달았다.

사람에게서 받는 고마움이 있다.

학교에서 좋은 인상을 받고 교육계에 종사하기로 했다. 청소년들의 교육을 위해 힘쓰는 계약직 사무직원이었다. 처음 몇 년은 사회에서 한몫하고 있다는 기쁨이 있었다. 7년 동안 여섯 군데에서 일했다.

사회에서 맺는 인간관계는 가치관의 반영이다. 짧은 시간에도 마음을 깊이 나눈다면 그 누구보다 가까운 관계가 될 수 있다.

나는 스스로 한계를 느껴가고 있었다. 부정적인 미래에 자신이 없어 적당한 선을 그었다. 그러나 한 중학교에서 근무하며 배려와 챙겨주시는 따뜻한 마음을 많이 느끼기도 했다.

스스로 그어놓은 선 때문에 사람이 그립고 다가가기는 어려웠다. 그렇게 고독하게만 보내던 나를 선생님들은 매달 불러냈다. 아마 내가 온몸으로 그런 분위기를 풍기고 있었을 것이다. 한 선생님은 학교에서도 어려운 일이 생기면 자기 사무실에 와서 고민을 털어놓으라고 말해주었다. 직위를 따지지 않고 술자리 모임으로 불러 술도 사주었다. 학교에서는 못 했던 집안 이야기, 시댁 이야기, 컬투쇼에 당첨된 사연 이야기 등을 하며 즐겁게 시간을 보냈다. 단체생활처럼 어딘가에 소속이 되어 일한다는 것은 이제 끝이라고 생각했던 나에게 이렇게 말해주는 것 같았다.

"너도 이제 준비됐어. 거기 있지 말고 이리로 넘어와. 거긴 추워. 그만큼 살아온 것만으로 충분히 잘했어. 조금씩 다시 움직여봐."

그곳을 근무하는 마지막 날에는 눈물이 흘렀다. 깜짝 이벤트로 케이크도 사서 촛불을 불었다. 퇴사 선물도 주셨다. 너무나도 감사한 마음이었다. 나도 언젠가 감사한 마음을 담아 꼭 보답하고 싶은 사람들이다. 그 따뜻한 마음을 잘 간직해두었다가 전달하고 싶다.

04

남들처럼 살면 괜찮을 줄 알았다

●

●

"평범하게 사는 것이 제일 어려운 일이다."

옛날부터 자주 들었던 말이다. 평범하게 산다는 것은 초등학교, 중학교, 고등학교에서 기본 교육을 받는 것. 대학에 들어가면 취업을 하기 위해서 자격증을 취득하고 면접을 준비하는 것. 월급쟁이로 살다가 자신과 잘 맞는 사람 만나서 결혼하고 자식 낳아 사는 것. 이렇게 사는 것이 제일이라고 세뇌되듯이 들어왔을 것이다.

나도 평범한 사람의 전형적인 수순을 밟으면서 살아왔다.

전혀 거부감 없이 모든 교육을 그대로 받아들였다. 비판적인 사고를 하지 않았다. 학생 때 읽었던 『칼의 노래』 소설도 받아들였다. 초등학교만 무상교육이었던 때, 부모님과 삼 남매 사이에는 다른 상은 못 타더라도 개근상은 받아야 한다는 무언의 약속이 생겼다. 부모님은 공부보다는 인성을 최고의 덕목으로 여기셨다. 개근상은 학교를 졸업했다고 받는 졸업장보다 더 귀한 명패였다.

대학을 가면 재밌는 일상이 펼쳐질 것 같았다. 그러면서도 꼭 가야 하는지 의문이 들었다. 그렇게 중학교, 고등학교를 거치다가 수능을 치르는 막바지를 준비하는 때였다. 다른 꿈이 없었다. 부모님은 자식을 대학교까지 보내는 것을 당연하다고 생각했다. 그게 내 목표가 되었다.

그러려면 나는 수학시험의 점수를 더 높여야 했다. 한 달 동안 수학 점수 올리기에만 매진했다. 그 결과, 수능시험에서 평소보다 점수가 40점이나 올랐다. 이건 나에게는 기적이었다. 평생 머릿속에 남아 있을 작은 성취가 됐다. 인생도 이렇게 작은 성취들이 모여서 행복을 이룰 것으로 생각했다. 그래서 대학교는 가기로 마음먹었다.

대단한 마음은 아니었다. 대학교를 체험해보고 싶었다. 4년제 졸업장인 학사학위증이 월급을 높여줄 것이라는 기대 심리가 있었다. 대학은 고등학교와 다를 바 없었다. 과제는 리포트가 되고 선생님은 교수님으로 둔갑술을 할 뿐이었다.

1980년대의 분위기인 전공 학문에 대한 심오한 토론이나, 술과 통기타를 치며 로망이 즐비한 풍경은 없었다. 그야말로 환상이었다. 기대는 와장창 무너졌다. 여기서 4년 동안 무너짐을 되풀이할 수 없다는 판단을 내렸다. 적극적인 자세가 필요했다. 그 뒤로 지낸 대학 생활은 내 삶을 180도 바꾸었다.

평범함은 사실 꿈을 찾기 위한 로드맵이다. 졸업을 앞두고 대학 시절에 알던 선배가 제안하였다.

"너도 우리와 뜻이 같으니 청소년 쪽에서 도와주는 건 어때?"

이 한마디를 계기로 사회생활을 시작했다. 같은 가치관을 가진 사람들하고의 생활은 꽤 즐거웠다. 생계를 꾸리기는 어려웠지만, 그 생활이 행복했다. 상근하면 단체후원금에서 50만 원을 주었다. 이 돈으로 생활비를 충당했다. 용돈을 받을 때와 같이 살았다.

매일 출퇴근은 자전거를 이용했다. 주 업무 중 하나는 후원금을 모으는 일이었다. 그러면서도 우리는 자본주의에 맞지 않는 사람이라고, 돈이 중요하지 않다고 이야기하고 다녔다. 세상을 바꾸는 혁명가가 되고 싶었다. 비현실적인 이상주의자였다.

남들처럼 살지 않는 것은 용기가 필요하다.

호기심과 걱정 섞인 관심들을 견뎌야 한다. 자신이 품은 뜻을 위해 살려면 그런 과정을 이겨내겠다는 굳은 결심이 필요한 것이다. 창업이나 직장생활을 하는 것도 마찬가지다. 적당하게 묻어가는 기술을 늘려가는 훈련이다. 생각보다 많은 사람이 한마디씩 보탤 것이다. 어쩌면 외로운 싸움이 될 수도 있다. 정확하게 끝을 알 수도 없다. 그 과정을 견디지 못하면 남들처럼 살 것이다.

　그래서 직장인들 대부분 퇴근 후가 진정한 자신의 인생이라고 생각하며 산다. 자신이 원하는 것을 찾을 때까지 여러 길을 걸어가본다. 어떤 이는 오랫동안 버티다 보면 생계로 시작한 일이 자신의 길로 맞춰지게 된다. 정답은 없다. 성향대로 끊임없이 성찰하고 도전하는 것이 중요하다.

　계약직 일은 힘들지 않았다. 다만 비전이 보이지는 않았다. 그래서인지 퇴근 후의 삶도 무료해졌다. 자기계발을 해서 높은 위치로 점프하고 싶었다. 재미있는 취미생활로 시작해서 직업으로까지 발전시킨 사례들이 많았다.

　정규직에 대한 간절함이 더욱 짙어졌다. 그때 안정적인 직업을 찾는 2030들의 공무원시험 열풍이 불었다. 나도 마지막 투자를 하기로 했다. 공무원은 안정적으로 일하는 구조와 시간이 지나면 자동으로 오르는 호봉제라는 장점이 있었다. 여자의 직업으로 공무원이면 결혼도 잘한다는 말에 혹했다.

　합격자들은 성공 후기에서 공통된 표현으로 이렇게 말했다. '3개월 만에 합격한 비법, 2년을 넘기면 그만하라, 엉덩이 힘으로 하는 시험이다, 일과 병행하는 것은 힘든 일이다, 공부에만 전념하는 것이 제일이다.'

이미 합격한 사람들은 희망의 말을 해줬다. 직장생활을 병행해 돈을 벌며 딱 1년만 전념하기로 했다. 시험에도 전략이 전부다. 열심히 하는 것보다 전략적으로 꾸준하게 하는 것이 더 성공적이다.

장기기억으로 많이 가져가는 사람이 이기는 게임이다. 공무원시험에서 중요한 것은 집중력과 체력을 넘어 제일 중요한 것은 정신 승리였다. 공부 습관을 제대로 들여놓은 사람들은 합격할 것이다.

나는 정신력이 약했다. 초등학생 때 친구에게 빌려줬던 5천 원을 돌려 받지 못한 기억까지 끄집어내어 자신을 괴롭히고 있었다.

시험에 집중하기 위해 독립생활을 접고 본가에 들어갔다. 그게 시험공부의 걸림돌이 될 줄은 몰랐다. 부모님과 떨어져 살았던 세월만큼 치열하게 크고 작은 갈등이 터졌다. 조금씩 예민해지고 있었다. 직장은 나름대로 이제 막 일을 시작하는 환경이었다. 새로운 환경에서도 정신을 붙잡고 공부에 집중해야 했다.

작은 일에도 신경이 쓰이고, 체력이 떨어지고, 피로하여 웃음을 잃어 갔다. 그때의 나는 누가 건드리면 곧 터질 시한폭탄이었다. 그때 코로나19 사태가 터졌다. 나의 예민함도 함께 터졌다. 1년이라고 설정해둔 기간이 타의에 의해 6개월 더 늘어났다. 그대로 좌절하였다. 정신에 패했다.

또다시 실패하였다.

학창 시절에 이미 했어야만 하는 공부를 했다. 한편으로는 그 시간이 정말 행복했다. 무엇인가를 새롭게 알아가는 기쁨이 있었다. 실생활에 유용한 법 지식이나 사회 규범들에 관해 배웠다. 역사의 현장으로 들어가 대한민국을 애증하였던 시간이었다. 배움의 과정은 원하는 것이었다.

남들처럼 공무원 말고 공기업을 준비했다. 자기소개서에 쓰기 위해 애썼던 학점 관리, 회화는 하지 못하고 점수 보여주기에 급급했던 토익 공부, 이마저도 없으면 왜 공백기가 있는지 해명해야 하는 면접들. 이렇게 남들이 하던 수순을 따라 그대로 밟아가니 점점 나를 잃어가는 느낌이었다.

도중에 이런 생각이 들었다. '나는 누구인가? 무엇을 좋아하나? 어떤 인생을 살고 싶은가?'라는 인생을 돌아보는 고민을 하게 되었다. 계속해서 질문이 머릿속에 아른거렸다. 괜찮지 않은 사람이 되어가는 사람이 되는 것 같았다. 나는 남들처럼 살면 괜찮을 줄 알았다.

05

밥을 먹다가도 눈물이 나왔다

●

●

우울증에 걸리는 사람들의 특징 중 한 가지가 평상시에 지나치게 밝은 점이라고 심리학자들은 말한다. 우울증은 자신이 어떤 식으로 삶을 바라보는지에 대한 즉각적인 몸의 행동 반응이다.

"개그맨이나 해봐라!"
"왜 이렇게 웃겨? 나 팬 할래."
"너랑 있으면 정말 유쾌해. 또 개인기 보여줘."

학창 시절에 친한 친구들에게 인물 흉내 내기 등을 선보여주며 자주 듣던 이야기들이다. 다른 사람들이 나의 개그에 재밌어하는 게 즐거웠다. 한바탕 웃고 난 후 배와 볼의 근육이 땅기는 느낌이 좋았다.

대학에 다닐 때 총학생회 부 후보로 출마를 했을 때, 우리 팀의 전략은 '친근함으로 접근하자!'였다. 그렇게 팸플릿에 후보들의 취미, 특기 등을 적었다. 한 달 동안 1만 부가 뿌려졌다. 즉시 반응이 나왔다.

강단에 올라서 5분간 연설을 한 후 질의응답 시간이 있었다. 어느 학우가 성대모사를 요청하였다. 나는 목표에 적극적이었다. 망설이지 않고 당시에 유행하던 성대모사를 선보였다. 총학생회실의 문턱이 낮았으면 좋겠다고 생각했다. 내가 가진 유쾌한 성격은 부모님과 늘 재치 있는 농담을 주고받은 덕분이다.

인생은 짓궂다.

자신이 생각하는 그대로 미래가 펼쳐진다. 흥미를 찾고 즐기면 매 순간이 흥미롭게 다가온다. 반대로 우울한 생각을 자주 하면 우울한 상황만 찾아온다.

마음이 유독 허전한 어느 날이었다. 퇴근하고 혼자서 밥을 먹던 도중이었다. 혼자서 밥을 먹는 것은 이전에도 자주 있던 일이었고 아주 익숙한 상황이었다. 오히려 혼자가 편했다. 사람들 속에 섞여서 아침부터 저녁까지 온종일 치여 보냈다.

먹던 밥에서 아무런 맛이 느껴지지 않았다. 슬픔이 몰려와 밥을 먹을 수가 없었다. 그 자리에서 1시간을 울었다. 갑자기 서럽고 쓸쓸한 생각이 마음에 꽉 차올랐다. 그 감정이 한동안 사라지지 않았다. 지나가다 나뭇가지가 외로워 보여 갑자기 눈물이 나왔다. 무엇 때문인지 알 수 없었다. 그래서 더 마음이 답답했다. "힘내!"라고 하는 말을 하면 화가 났다.

평소에 감정 표현이 서툴렀다. 참으면 금방 사라지니 금방 넘겼다. 안팎으로 정신을 어지럽혔다. 일을 하면서 제일 화가 많이 올라왔다. 스스로가 통제되지 않았다. 당연히 업무 능력도 떨어졌다. 어떻게 이 감정을 다뤄야 할지 몰랐다. 감정의 폭발이었다. 이런 순간은 처음 겪는 일이었다. 그래서 같이 근무하는 S라는 동료를 매일같이 찾아가 하소연을 했다. 유일하게 마음을 터놓고 들어주던 감사한 분이다. 하루는 너무 화가 나고 공부가 되지 않을 것 같아서 동료 S에게 시간 좀 내달라고 부탁을 했다.

우리는 커피 한잔을 시켜놓고 잠깐 대화를 나누었다. 곧 직원이 매장 마감 시간이라고 알려주고서야 5시간이 지났다는 것을 알았다. 그렇게 해서 스트레스가 조금은 풀어졌다. 그러나 그것도 일회적이었다. 아무것도 스스로가 통제하지 못하고 휘둘린다는 생각에 스트레스가 쌓였다. 잠자리까지 기분 나쁜 감정을 가져가니 불면으로 이어졌다.

처음에는 기분 전환을 하고자 재밌는 영상을 찾아보면서 깔깔 웃고 잊었다. 그렇게 웃고 나면 일주일은 잠도 잘 자고 지낼 만했다. 그 방법이 싫어지면 음악을 틀고 가만히 누워 있었다. 아니면 밖으로 나가서 한 시간씩 걷고 들어오곤 했다. 하지만 전부 임시 방편에 불과했다. 근본 원인을 해결하지 않고서는 건강이 악화가 될 것만 같았다.

스스로를 알아가기로 했다.

내 삶을 집중해서 살펴보게 되었다. 두드러지게 드러나는 나의 특징은 목표한 것에 끈기가 있고 주위 환경이나 남 탓을 많이 했다는 것이었다. 자신조차 바꿔내지 못한 나약한 존재였다. 그래서 획기적인 변신을 꾀했다. 나약함과 정면 승부를 겨루기로 하였다.

주위에 심리 관련 책들은 20권 가까이 읽어보았다. 부족하면 영상을 찾아서 눈에 띄는 대로 보았다. 노경선은 『아이를 잘 키운다는 것』에서 말했다. 자신의 뿌리를 알려면 부모를 알아야 한다.

'나는 왜 만사에 생각이 복잡하지? 그냥 간단하게 넘어갈 수는 없는 걸까?'

'언젠가는 내 인생도 희망적이고 밝은 미래가 펼쳐지겠지?'

'부모님이 나에게 주는 영향을 앞으로 어떻게 승화시킬 수 있을까?'

책에서 주는 메시지는 많은 도움이 되었다. 어떤 환경의 가정에서 어떤 말을 듣고 자랐는지가 자신의 말과 행동에 묻어난다고 했다. 이 책에서는 내가 하는 행동 양상의 기초가 양육에서 비롯된다고 했다. 그래서 성인이 되어 완전하게 정신이 독립해야 한다. 그렇지 못하기 때문에 괴로운 것이다. 쉽게 표현하자면 부모를 포기하라고 표현했다. 즉 후천적으로 자기 자신의 보호자가 되고, 부모를 원망하지 말라는 뜻이다. 이 말로 인해 크게 마음이 동요됐다. 그 뒤로 인생 로드맵을 그렸다. 이 메시지가 엄청난 도움이 되었다.

인생을 생각하면 헝클어진 실타래 같았다.

예전에도 같은 고민을 할 때, 표정도 안 좋고, 활동량도 줄어가니 어떤 지인이 심리상담을 권유했다. 본인의 남편도 심리상담을 10회 정도 받더니 부부 관계가 많이 호전되었다고 말해주었다. 그길로 그 심리상담사를 찾아가서 상담을 받았다. 처음에는 1시간 상담에 무슨 말을 해야 할 줄 몰랐다. 그래서 제일 고민인 점에 대해서 하소연을 하고 왔다. 속은 시원했다. 그렇게 4회 정도 하소연만 하다 보니 현실에서 변하는 것은 없었다. 그 점은 나를 더욱 답답하게 만들었다. 상담 비용도 부담이 되었다.

그로부터 6년이 지나고 공무원시험을 준비하면서 똑같은 상황이 반복되었다. 새로운 환경에 적응해야 하는 현실, 나를 압박하는 시험의 부담, 가족들의 요구들, 코로나19로 인해 늘어난 수험생활 등이 목을 죄어와 숨을 쉴 수가 없었다. 누군가에 기대고 싶고 환경을 탓하기만 했다.

인정에 목이 말랐다. 할 수 있다는 말을 내 입이 아닌 다른 사람의 입으로 들어야 했다. 그래서 동아줄을 붙잡는 심정으로 지역보건소의 정신치료센터로 연락했다. 사람 살리는 셈 치고 전화를 걸었다.

"안녕하세요. 저 상담 좀 받고 싶은데요. 몇 차례나 받을 수 있나요?"

"먼저 테스트를 몇 가지 작성해보시고 결과가 나오면 연락을 드릴게요. 지금은 코로나19 때문에 대면 말고 유선상으로 상담사가 정해지면 연락드리게 할게요. 연락처와 성함 남겨주세요. 어떤 문제인지요?"

통화가 10분간 이어졌다. 벌써 털어놓을 곳이 있다는 것에 마음이 한결 편해졌다. 한편으로는 '힘들었던 상황을 다시 꺼내서 나를 괴롭힐 필요가 있을까?'라는 생각도 들었다.

상담은 정기적으로 월요일 5시에 전화가 걸려왔다. 일주일간 고민에 대한 방향을 잡아주고 상황을 객관적으로 직면하게 도움을 줬다. 처음에는 미심쩍은 부분이 있었다. 그래도 점점 나를 위해주는 사람이 있다는 것에 감사함을 느끼고 그 전화를 기다리고 있었다. 상담하는 동안에 내 상황도 조금씩 긍정적으로 변해가고 있었다.

상담자가 간단 테스트 결과 중기 우울증이라고 말했다. 상담을 통해서 우울증을 이겨낼 힘을 조금 얻었다. 모든 과거와 현실은 나의 선택이었다. 내 삶에서 '나'는 없었다. 주변이 보는 시선 속에 스스로를 가둔 채로 살았다. 그래서 가장 돌봐야 할 자신을 홀대했었다. 우울증은 몸과 마음이 방황할 것이라는 신호이다. 제때 고민하고 넘어갔어야 할 시기를 망각하고 지나갔더니 생겨난 반응이었다.

06

매일 두려움을 피해 달아나고 싶다

●

●

당신은 두려운 상황에서 어떻게 행동하는가?

심리학적 애착 행동 유형을 크게 3가지로 분류한다. 안정형, 회피형, 불안형. 사람마다 애착 유형을 통해서 갈등 상황을 해결하는 방법이 달라진다.

혹시 의견 충돌이 생기면 도망가거나 폭발하는가? 관계에 관해 대화하는 것 자체를 힘들어하는가? 그렇다면 당신도 회피형 성향이다.

심리 관련하여 일명 '나를 돌아보기' 모임에 참여한 적이 있다. 또래 5명 정도로 구성해서 책 읽고 과거의 경험을 공유하는 자리였다. 그 모임에서 이야기한 '집토끼 사기' 사례를 통해서 회피형 성향이 있다는 것을 알았다.

어린 시절 학교 앞에서 애완용 미니 토끼를 팔았다. 작고 귀여운 모습에 마음이 빼앗겨 5천 원을 주고 사서 왔다. 이름도 '유난희'라고 지어주었다. 한 달가량 지나자 미니 사이즈였던 유난희의 크기가 집토끼만 해졌다. 한 손에 들어오던 크기에서 내 다리 길이만 해졌다.

집토끼를 미니 토끼라고 속인 거였다. 그리고 학교에서 돌아온 날이었다. 나는 충격적인 장면을 목격했다. 산책하지 못했던 유난희는 앞, 뒷발을 쭉 펴고 데굴데굴 구르고 있었다. 해괴망측했다. 그 모습이 무서워서 내 방으로 들어가 문을 닫고 엉엉 울었다. 그때 유난희는 고통에 힘겨워하며 몸부림치고 있었을 것이다. 그대로 어떠한 도움도 주지 못했다. 이때의 도망은 지금까지도 죄책감이 든다.

비난을 받을 때마다 피했다. 정면 승부보다는 참는 쪽을 선택했다. 그리고 혼자서 복수의 칼을 갈았다. 보란 듯이 성공해서 내가 어떤 사람인지 보여줄 것이라고. 말만 반복했다. 그 말을 책임지려는 포부만 강했다. 나약한 모습을 인정하지 못했다.

정의감에 넘치는 이상주의자로 사는 내 모습이 멋져 보였다. 그러면서도 열정적으로 무언가에 앞서서 뛰어들지도 못했다. 1인 시위를 하는 것도 좋아하는 일은 아니었지만 이상을 위해서 필요한 일이었다. 곰곰이 생각해보면 내가 한 일은 정말 필요하다고 생각하고 원해서 하는 것이 아니었다. 그럼 나는 왜 돈도 벌지 못하는 그 일을 7년이나 지속했나?

선한 영향력으로 남을 돕는 것에 대한 관심도가 높았다. 즉, 인생의 주체는 내가 아닌 타인이었다. 자신을 제대로 인지하지 못하면 주변의 말이 곧 자신이 되어버린다.

똑똑하다는 칭찬을 2주 동안 듣는다면 그 사람은 자신이 똑똑한 사람이라고 믿는다. 그리고 똑똑한 사람처럼 행동한다. 성취를 통해서 얻어낸 특정 부분이 똑똑하다고 스스로가 인정하는 것과는 다르다. 둘은 행동에서 태가 난다.

전자는 무의식중에 '내가 잘났다, 특별한 존재다.'라는 생각이 깔려 있다. 그래서 거만함과 불쾌감이 느껴질 수 있다. 후자는 정확하게 근거를 바탕으로 하는 당당함이 있다.

크게 성과를 낼 수 있는 일이 아니었다. 기다려야 하고 눈에 보이지 않는 승리를 향한 길이었다. 자신의 단단하고 강철 같은 믿음으로 걸어가야 했다. 나는 강인해지지도 않았고 성과를 내기 위한 활동에도 만족할 줄을 몰랐다.

애매한 삶이었다.

무엇 하나 제대로 해내지도 못했고 그렇다고 스스로가 부족하다고 생각하지도 않았다. 제일 안타까운 부류였다. 이를 악물고 해내는 독함이 있든지 아니면 몸을 굴려서 맷집을 기르거나 빠른 선택을 했어야만 하는 것이었다.

자아실현은 꿈을 쟁취했을 때 명확해진다. 꿈에 대한 비난의 말, 나를 판단하는 말은 듣고 싶지도 않았고 인정은 더욱 하지 못했다. 그 말들이 너무나 맞는 말이었다. 나는 마리오네트 인형이 되어 어떤 존재에 휘둘리는 것 같은 이상한 절망감까지 느껴졌다. 숲 전체를 보지 못하고 순응하기만 하는 도망자였다. 그 생활이 뿌리 깊이 내재했다.

착한 것이 당연하다고 믿었다.

대학 생활을 하던 도중에 동아리에 들어갔다. 매주 참석하는 성실하고 출석률이 좋은 회원이었다. 그 모습을 눈여겨보던 선배가 회장을 하라고 했다. 책임감 있는 모습과 조금 더 초롱초롱한 눈으로 열심히 참여했던 모습이 보기 좋다고 했다. 주입과 도출이 잘 되고 순진하게 잘 믿었다.

에니어그램 테스트를 진행하면 곧잘 설명해주는 부류이기도 했다. 그 회장 생활도 내가 빛나는 것보다, 내가 할 수 있는 일이 손길이 필요한 어딘가에 도움을 줄 수 있다는 것이 좋았다. 1년간 회의에 참여하고 아이디어를 내었다. 그러나 계속해서 기존에 했던 검증된 방식이 채택되었다. 점점 답답함을 느끼게 되었다. 숨 쉴 수 있는 자유가 필요했다. 결국은 몸까지 아프게 되어 병원을 방문하기로 하고 회장이지만 결석을 해야했다. 병원을 가는 길이 조금 설레었다. 쉴 수 있겠다는 생각이었다.

그때 선배는 병원에 간 나에게 전화를 걸어서 빨리 돌아오라고 재촉했다. 그 순간이 잊히지 않는다. 마리오네트 인형처럼 줄에 매달린 내 모습이 불현듯 떠올랐다. 이럴 거면 회장을 때려치우고 싶었다. 문제는 선배의 전화가 아니라 그걸 지켜보기만 하던 나 자신이었다. 선택할 수 있는 순간들에서 주장을 펼치기보다는 도망치고 피하고 스스로를 탓했다.

책임감으로 신뢰 형성 → 요구가 커짐 → 문제가 생김 → 피하기 → 좌절하기 → 다시 새로운 것을 시작하기

이 구조의 반복이었다. 삶을 방치했던 나 자신에게 미안하다. 두려움을 피해서 달아날 때는 그 순간만 지나면 그만이었다. 하지만 그 후에 찾아오는 책망이나 비난은 더욱 커져 있었다. 그렇게 도망치고 도망치다가 낭떠러지를 만났다.

낭떠러지에는 우울증이 있었다. 건강한 몸과 정신을 놓아버렸다. 폭식증에 시달리면서 살이 찌고 그런 모습을 보면서도 그대로 나를 방치하는 악순환의 구조를 계속 반복했다.

심리상담을 받으면 받을수록 스스로 알을 깨고 나오는 과정이 힘겨웠다. 해야 할 일을 정해서 알려주면 시키는 대로만 하고 싶었다. 인형처럼 누가 그냥 휘둘러줬으면 좋겠다고 생각하는 게 당연했다. 이런 내 무의식이 무서웠다. 그 이상한 구조가 반복되는 습을 잘라야 했다.

운동을 시작하고 책을 읽기 시작했다.

분명히 방법은 있을 것이다. 받아들일 수 있다면 그게 무엇이든 전부 실천해보기로 했다. 다 떨쳐내고 한순간에 일어날 수 있을 것이라고 수만 번 상상했다. 그리고 부정적인 감정에서 벗어나는 순간을 자주, 많이 만들어내는 데 힘썼다.

운동을 꾸준히 하니 가장 긍정적인 감정이 돌았다. 그날부터 밤이든 낮이든 밖으로 나가 산책을 하고 오거나, 집에서 영상을 틀어놓고 30분이라도 땀이 날 때까지 움직였다. 요가도 시작하고 수영도 시작해보고 다양하고 많은 운동을 바꿔가면서 했다.

운동은 도망치지 않는 방법을 알려준다. 스스로가 그었던 한계를 이겨낼 수 있게 해준다. 오늘의 목표에 도달하려고 세부적인 체크 리스트를 작성한다. 스쿼트를 배우면서 10개를 제대로 하지도 못했던 몸을 단련하기로 했다. 점점 20개, 30개로 늘어갔다. 허벅지의 근육이 어떻게 쓰이는지 공부하니 생기가 돌았다.

그 과정은 사람과 관계를 맺고, 편하게 주변에 도움을 청하고, 자신의 감정을 표현하고, 미래를 설계하고, 최선을 다해서 사랑을 해주고, 욕심껏 능력도 성취해보고 살아가는 데 필요한 일련의 행위들을 다시 맞춰야 한다는 것을 의미했다.

07

나는 나이만 먹은 '어른아이'다

●

●

일반적으로 20대 이상의 사람을 어른이라고 표현하기에는 맞지 않는다. 책임의 무게감을 짊어지고 갈 수 있는 사람이 되었을 때 어른이라고 표현하고 싶다. 자신의 삶에 대한 책임을 다하면서 가족을 부양하고 사회의 일원으로 살 때 비로소 어른이라 말할 수 있을 것이다.

나는 나이에 맞게 책임지는 삶을 살아야 한다고 생각한다. 우리는 길고 긴 인생의 바다를 살아간다. 해마다 배울 것이 있고 무수한 경험과 실패를 하면서 그 안에서 자연히 성장할 것이다. 그래서 경험이 중요하고 고생도 마다하지 않을 것이다.

어린이에서 어른으로 가는 과정은 무엇일까?

타인을 대하는 방식을 엿볼 수 있다. 먼저 역지사지의 마음으로 살아가는지를 본다. 어린이는 자기중심적인 사고를 한다. '나'가 중요하다. "내가 할래. 나도 줘. 나 먼저 해줘."라는 말을 보면 그렇다. 이 사고를 벗어나 타인을 배려할 수 있는 행동을 보여주는가. 아주 작은 부분까지도 세심하게 생각했는가. 생색내지 않고 남을 돕는 삶이 몸에 밴 모습인가. 그러면서도 자신이 원하는 부분에 대해서는 거침없이 이야기할 자신이 있는가.

친구 K와 나는 취업 준비 중이었다. 수중에 돈이 없었으나 우리가 찾아가야 할 경조사는 많았다. 하루는 술자리에서 친구 K가 고민이 있다며 이야기했다.

"후배 할머니가 돌아가셨다네. 고민되네. 가야 할지 말아야 할지."
"가야 할 것 같으면 가야지."
"근데 그렇게 친하지도 않고, 돈도 없으니 그게 걸리네."
"부조만 해도 괜찮을 거야."
"아, 계속 신경 쓰이네. 도리가 아닌 것 같은데…."

친구는 장례식장을 찾아가는 것을 두고 기준이 모호해서 고민하는 듯했다. 술자리 내내 마음을 쓸 듯해서 조심스레 말을 했다.

"지금 우리 상황이 여의치가 않잖아. 공부하느라 시간도 없고. 그래서 부조로 마음을 표현하는 건데. 직접 찾아가야 한다는 도리가 걸리는 것이라면 이렇게 생각해봐. 물론 장례식장에는 무조건 가야 하는 게 맞아. 근데 나 같으면 방문해준 자체는 고마울 것 같아. 다만, 꼭 와줬으면 한다고 생각한 사람이 오지 않으면 서운하겠지."

이 대화로 나도 장례식장에서 상주로 역할을 해보지는 않았지만, 상주의 입장이 되어 생각해보면 서운할 부분들이 느껴졌다. 그렇게 그 일은 일단락됐다.

결정하는 것은 책임의 다른 말이다. 자신이나 타인으로만 중심이 되어서는 안 된다. 그렇기에 역지사지의 마음으로 대입한다는 것은 성숙한 어른이 되어가는 과정이다. 책임이 묵직해지면서 말과 행동을 조심해야 하는 이유이기도 하다. 어린이가 청소년기에 숱한 방황을 거치고 실패를 하면서도 다시 도전해야 하는 까닭이기도 하다. 어른은 공부 말고도 해야 할 일들의 당위성이 정말 많다. 만약에 그 상황이 벅차게 다가온다면 어떻게 해결해야 할지가 바로 성장할 수 있는 순간이다.

또 나를 잃지 말아야 한다.
어른도 가끔은 실수를 하기도 한다. 그럴 때는 '진정성'을 감추지 않고 인정하고 용서를 구하는 태도가 어른의 자세이다. 의도가 담기지 않은 실수를 저지르거나 혹은 피해를 입었을 때 취하는 태도를 생각해보자.

20대 때였다. 우리의 목표를 성취해서 가진 뒤풀이 자리였다. 내 옆에는 적어도 열 살 이상은 차이 나는 선배가 앉아 있었다. 선배는 지위가 있는 대표였다. 나 자신을 소개하고 다른 사람과 대화하며 일어나는 순간, 그분의 머리를 툭! 때려버렸다. 순간 둘 다 얼어버렸다. 지금도 그분의 태도가 선명하다. 아주 세게 맞았는지 당황해하며 그 고통에 아무것도 할 수 없어 하셨다. 나는 계속해서 죄송하다고 용서를 구했다. 그리고 이내 그 선배가 "괜찮아요. 실수였잖아요." 하고 웃으며 이야기하셨다. 그 모습에서 어쩔 줄 몰라 하는 나를 배려해주시는 너그러움을 보고 어른의 성숙한 태도를 배웠다.

반대로 어린이 같은 사람들을 대할 때의 안타까움도 느꼈다. 정말 안타까운 부분이다. 교육 과정에서도 쉽게 알려줄 수 없는 관계에 대해서 알려주지 않는 것이 그렇다. 우리는 학교를 작은 사회라고 알고 있다. 집단생활 속에서 상대방이 싫어할 만한 행동이 무엇인지 아주 세부적인 부분까지 알아가는 과정이 학교생활이다. 친구에게 요구도 해보고 '아, 사람들은 이 행동을 싫어하는구나.'를 알아가고, 싸우기도 하면서 서로의 합을 맞춰가는 것을 배운다. 학창 시절에서 배움은 어린이에서 어른이 되어가는 든든한 뿌리가 된다. 가정을 벗어나 모든 것을 할 수 있고 생각이 자라나는 씨앗을 뿌리는 시기이다.

우리가 살아간다는 것은 자립하는 여정이다.

이 길은 가는 도중에 여러 개의 장애물이 있는 험난한 길이다. 새로운 사람들과 생활을 하는 도중에 겪는 복잡 미묘한 관계의 어려움이 생긴다. 그리고 더 복잡한 자신이라는 사람과도 만나야 한다. 세상에 적절하게 감정도 표현해야 한다. 혹은 화를 내는 상대방과 싸워야 한다. 이 어려운 과정을 겪으며 만족스러운 성과도 내야 한다. 어떤 성공의 결과가 나와야 한다. 이것이 한꺼번에 일어나는 일이다. 여유가 없다고 느낀다면 나 자신이 누군지 다시 한번 진지하게 성찰해야 할 때이다.

주 1회 청소년들과 함께 모임을 진행할 때였다. 대부분의 청소년 시기에는 마음의 여유가 없는 것이 느껴진다. 그래서 많이 배려를 해줘야 한다. 이 모임도 그런 규칙으로 진행되었다. 그리고 어느 늦은 밤, 학생들에게 문자가 왔다. 잠이 들었다가 문자가 오는 소리에 잠이 깨었다. 문자 내용은 만족스럽지 못한 나에게 화가 나서 분풀이를 쏟아내는 내용이었다. 그 외에 전화로 다짜고짜 화를 내는 학생도 있었다. 느닷없이 폭격을 맞은 셈이었다.

나는 청소년들이 항상 제 갈 길을 찾기를 바란다. 자신을 사랑하는 사람으로 성장했으면 좋겠다. 청소년기에는 사회에서 그어놓은 선에 많이 부딪히지만, 자신에게는 한계가 없다는 사실을 깨닫기를 바란다. 나 또한 그 시절부터 많이 방황하고 고민했다.

지금도 알아가는 과정이다. 실패를 무수히 겪고 있다. 몸만 노화되고 마음은 어린이처럼 행동할 때가 있다. 다른 사람은 눈에 보이지도 않고 감정에만 사로잡혀서 큰 그릇을 갖지 못했다. 어른아이로 겉으로는 참으면서 견뎠다고 생각했지만, 속으로는 생채기가 나고 있었다. 자신을 꼼꼼하게 알아내고 분석해서 세분화하자. 현미경 보듯이 들여다보고 항목마다 파일화해서 서랍장에 잘 넣어두었다가 빼서 쓰도록 마련하자.

내 방황의 뿌리는 그것이었다. 자신을 잘 몰라서 오는 두려움이었다. 이유나 방법을 친절하게 알려주는 멘토가 없다고 자기연민에만 빠졌다. 아는 만큼 보인다고 했다. 내가 알고 있는 방식이 우물 안 개구리와 같았다. 그래서 사고의 흐름이 좁고 마음 그릇이 작았다. 상대방에게 단점을 지적받으면 앞에서는 웃었다. 하지만 집에 돌아가면 계속해서 그 상황의 억울함, 기분 나쁨을 계속해서 생각했다. 그러니 누군가의 도움이 필요 없었다. 그래서 어른아이의 모습이라고 표현한다.

어린이에게도 배울 점은 있다.

그들은 도움을 바로 요청한다. 자신이 어려워하는 것을 안다. 조카가 네 살까지는 신발을 신을 때 도움을 받았다. 구겨지든지 반대로 신든지 상관하지 않고 논다는 사실에만 집중해서 신나게 노는 모습을 보고 생각했다. '아, 저 아이는 지금 놀아야 하는 일이 자신의 숙명인 줄 아는구나.' 놀라웠다. 그동안 나는 목표만 바라볼 뿐, 다른 것에 눈을 돌릴 줄 아는 마음이 부족했던 것은 아니었을까.

그리고 다섯 살이 되던 해, 조카의 자립성이 커졌다. 도움을 받는 것을 거부하였다. 항상 이렇게 말하고 다녔다. "나 이제 아가 아니야. 내가 할 수 있어. 다섯 살이야." 자립해야겠다는 생각은 이미 우리의 세포에 저장되었을 것이다. 나이는 무색하다.

누구보다 나 자신을 만나고 싶어서 책을 읽었다. 자립에 대해서 알고 싶었다. 새로운 나로 변하고 싶었다. 우리가 가는 길을 위한 도움들은 많다. 초행길에는 내비게이션과 지도 시뮬레이션으로 도로를 실시간으로 보면서 두려움을 줄일 수 있다. 인생의 길에서도 책이라는 내비게이션을 사용하자. 나와 같은 사람들에게 앞으로 도움을 주고 싶다. 내가 찾은 방법을 알려주고 싶다.

2 장

책을 습관처럼 읽었더니
내가 바뀌었다

01

책이 잠 못 드는 밤을 달래주었다

●

●

"매일 밤, 잠이 들 때, 나는 죽는다. 다음 날 아침 깨어날 때, 나는 다시 태어난다."

— 마하트마 간디

잠자는 행위에 대한 많은 명언이 있다. 얼마나 잠을 깊게 잤는지에 따라서 다음날의 컨디션이 달라진다. 그래서 간디는 죽는다고 표현하지 않았을까. 밤은 깜깜하니 머릿속의 고민 스위치는 끄도록 해보자. 물론 레오나르도 다빈치, 나폴레옹, 아인슈타인, 윈스턴 처칠처럼 수면시간을 줄여서 살았던 사람도 있다. 어쩌면 자의적으로 우리도 이들의 피가 흘러서 밤에 잠이 들지 못하는 것은 아닐까?

잠이 들지 않는 당신이 책 속 세계에 빠져야 하는 이유가 있다.

고민하느라 시간을 낭비하는 것이다. 눈을 감고 아무리 수면 유도 영상을 틀어놓아봐라. 그때 듣는 음악은 굉장히 매력적이고 귀에 쏙쏙 박히게 된다.

그래서 나와 같은 불면증에 시달리는 사람들에게 말한다. 고민은 대부분 그 이유를 알 수 없고 다음 날이면 사라지는 것들이다. 고민이란 것은 시간이 많을 때는 쓸데없이 고민거리가 점점 커진다. 시간이 없을 때는 한 가지 고민에 대해 지엽적으로 파고 들어간다. 기왕 오지 않는 잠이라면, 그 시간을 활용해보자.

과거에 나는 걱정을 하느라 잠 들지 못했다. 걱정의 주된 내용은 하루 중에 떨쳐내지 못한 순간들이었다. 그 순간에 집착했다. 새벽만 되면 영상이 생생하게 머릿속에서 살아났다. 하지 못했던 말들에 '이렇게 말할 걸…'이라며 후회를 거듭했다. 그래서 밤이 되면 시간이 남아돌았다. 두 시간만 자고 카페인에 의지해서 하루를 보내기도 했다.

잠이 들기 위해서 여러 노력을 해봤다. 캐모마일 차도 마시고, 커피도 끊어보고, 운동도 2시간 동안 해보고, 수면 유도 영상도 틀어보고, 긴장 풀기 최면술도 해봤다. 효과는 길어야 3일이었다. 그래서 못 잘 바에야 조금 더 생산적인 활동을 하고 싶어서 책을 꺼내 들었다. 현실 세계를 잊고 싶었다. 그리고 그 새벽에 고민 상담 전화를 하기에는 너무 늦은 시간이었다. 떨쳐내지 못한 생각들이 계속해서 나를 괴롭게 했다.

새벽의 고요함 속에서 자연의 백색 소리를 들으며 책을 읽었다. 그동안은 온전히 나를 위한 시간이었다. 사람들 속에서 얽매여서 어떤 말을 하고 표정을 지어야 할지 고민할 필요도 없었다.

책으로 꿈을 꾸었다.

꿈을 꿀 때, 그때마다 떠나고 싶은 책 속 세계를 선택하기만 하면 되었다. 하루는 유럽여행을 가고 싶어서 8백 페이지에 달하는 자동차 여행 책을 읽으면서 꿈꾸었다. 나도 자동차 여행으로 유럽의 작은 소도시를 누비겠노라고. 그것으로 끝이 아니었다. 책을 쓴 작가의 네이버 카페에 방문해서 가입하고 생생한 글과 사진들로 그 꿈에 생명력을 부여했다. 그 순간 이미 유럽 여행을 떠났다. 무엇을 준비하면 좋을지 알아보는 것부터 영어 회화까지 준비하면서 여행을 떠나는 재미에 빠져 현실의 고민은 중요하게 느껴지지 않았다.

그러다가도 밤마다 '내가 왜 이러는 걸까?' 답을 알고 싶어서 심리 관련 책을 20권도 넘게 읽었다. 문제가 무엇인지 분석하기로 했다. 새벽의 집중도는 200%이다. 문제 분석을 하며 뇌의 현상에 대한 전문가들의 고견과 의견을 살펴보기도 하였다.

자기계발서도 읽었다. 책의 메시지에서 깨달음을 얻고 벅찬 감정이 몰려왔다. 사람들을 만나는 것과는 다른 느낌의 내적 지식의 충만함이었다. 바가지에 물이 넘치듯이 주체를 하지 못해 일기를 쓰곤 했다. 생각의 물꼬를 기록하기 위해서 정리하는 글을 썼다. 두서없이 일기처럼 떠오르는 감정들을 글로 작성하다 보면 두 페이지씩 넘어갔다.

이것은 각성 효과였다. 카페인을 마시면 각성하는 것처럼 책으로 각성이 되었다. 각성 효과가 오면 행동의 속도가 평소보다 2배로 빨라진다. 영화 〈리미트리스〉를 보면 무능력한 작가로 살던 주인공이 뇌를 100% 기능하게 하는 임상 약을 먹게 되고 과거와 완전히 뒤바뀐 생활을 하면서 일어나는 일들에 대한 스토리로 영화가 전개된다. 이 주인공처럼 나도 심장이 두근거리고 가만히 앉아 있을 수도 잠을 잘 수도 없었다. 청소라도 해야 했다. 그 기운을 그대로 책에다가 쏟았다. 각성한 상태에 있을 때는 책 한 권을 순식간에 읽을 수도 있었다.

불면은 전부 내면세계의 반영이다.

즉 자신이 앓고 있는 마음의 지병인 것이다. 미세먼지처럼 바로 나타나는 증세는 없어도 조금씩 마음에 쌓이게 된다. 쌓이고 쌓이다가 폭발하는 것이다. 마음의 지병은 자신을 인정하지 못한 채 그저 스스로 탓하고 비난하게 한다. 자신에게 중심이 없고 스스로를 위로하는 방법을 몰라 눈에 보이는 것들이 중요해지는 현상이다.

내가 불면에 빠지기 시작한 시점이 2018년이었다. 평생 인생을 바꾸고 싶은 실마리를 찾아 나선 때였다. 나는 잠귀가 밝았다. 혼자라서 더욱 예민해졌다. 방음은 최악이었다. 작은 원룸은 옆방에서 어떤 텔레비전 프로그램을 시청하는지도 알 수 있었다. 처음에는 새벽마다 술 파티를 하는 옆집 학생들의 무례함에 분노가 올라왔다. 시멘트벽을 쾅쾅 치느라 손에 멍이 들었던 적도 있다.

그 무렵 잠을 못 자니 여유까지 없어졌다. 오랫동안 만나던 남자친구와 이별을 겪으면서 불면증은 더욱 심해졌다. 내면세계의 불안감을 떨치기 위해서 책을 읽었다. 조금씩 읽는 것이 늘어갈수록 마음이 차분해졌다. 그제야 감정의 커튼이 거둬지고 나의 상황을 돌아볼 여유를 갖게 되었다. 정확한 상황 파악을 통해서 제삼자의 눈으로 감정을 어루만져주니 괜찮아졌다. 스스로를 돌볼 수 있다는 의식의 씨앗을 심었던 계기였다.

예전에는 자꾸 외부에서 원인을 찾았고 도저히 이해할 수 없는 상황들만 펼쳐졌다. 주변 환경을 바꾸면 조금 편해질 것으로 생각했다. 그러나 주변 환경을 바꾸고 날갯짓을 했지만 소용없는 파닥임이었다. 그것이 내 삶을 바꿔주지는 않았다.

책을 읽으며 더 삶이 입체적으로 변하였다.

자신이 잘 보이지 않으면 1평 유리 상자 속에서 사는 것과 같다. 유리 상자 밖은 무서운 상황이 펼쳐질 것이라고 굳게 믿고 살아간다. 생각은 변화시키지 않는다. 실천이 삶을 변화시킨다. 앞으로 한 걸음만 내디디면 바뀐다. 용기를 내자.

그렇다고 물질적인 부와 지위를 얻은 것은 아니었다. 불면증을 낫게 해주었고 지금과 다른 삶을 살 수 있게 만들어준 경험이었다. 삶을 대하는 인식이 바뀌었다. 그리고 꿈을 꾸게 되었다.

방황을 일삼던 청춘에서 뚜렷한 인생 목표가 설정된 것이다. 단편적으로 싫다는 감정에만 매몰되어 생각했던 내가 타자의 입장이 되어 생각할 수 있는 깊이가 생겼다. 이해되지 않는 순간에도 한 발 뒤로 물러나서 객관적으로 바라보는 눈이 생겼다. 순간의 화를 참는 인내력이 생겼다. 자기 자신을 비난으로부터 보호해줄 보호 능력이 생겼다. 인간관계에서 수많은 생채기와 행동 강령에 대한 기준이 생겼다.

옛날에는 배터리 충전을 하고 그것을 소진하려는 열정만 끌어올렸다면 지금은 충전기가 내 몸속에 장착된 느낌이다. 이를 지속하기 위해서는 책을 읽는 것으로만 끝내지 않도록 해야 한다. 이것을 삶에 반영하기 위해서 행동을 해야 한다. 변하기 위한 초석을 잘 깔았다.

『인생의 차이를 만드는 독서법 본깨적』의 저자 박상배는 책을 통해 삶을 변화할 수 있다고 한다. 나도 그의 생각에 동의한다. 그 과정을 이렇게 표현했다.

"변화하는 시점을 임계점이라고 부른다. 변화를 위해 기다려야 하는 인내의 시간이기도 하다. 아무리 성질이 급해도 100도가 될 때까지 기다리지 못하면 물이 끓는 것을 볼 수 없다. 책 읽기도 마찬가지다. 책을 통해 삶을 바꾸고 싶다면 임계점을 통과해야 한다."

  핵심을 직접 돌파하는 것을 권유한다. 자신이 자각하고 변화해야겠다고 마음먹을 때 절반의 성공이 이뤄진 것이다. 뒤에 나오는 책을 읽는 방법들을 활용하여 핵심에 뚜벅뚜벅 걸어가길 바란다. 태풍이 올 때 가장 고요한 장소는 태풍의 중심이다. 어떤 부분에서도 중심으로 들어가는 고요의 길을 택해보라.

02

취미로 적었던 '독서'가 진짜가 되었다

●

●

대한민국 직장인의 취미 TOP 5에 빠지지 않는 항목이 '독서'이다. 가장 보편적이고 세련되어 보이면서도 쉽게 작성할 수 있는 항목이기 때문이다. 직장인들은 새해 목표를 세울 때 책 읽기, 자기계발 항목을 꼭 집어넣는다. 주변에서도 쉽게 볼 수 있다. 자기계발하지 않는 직장인은 없다. 목적이 어떻든 생존을 위하여 끊임없이 노력한다. 경쟁 사회에서 살아남기 위해서, 승진하기 위해서.

나 역시 취미를 적는 경우에 늘 독서라고 작성했다. 실제로 책 읽는 것도 좋아한다. 주로 소설이나 심리 관련 책을 읽었다. 최소한 1년에 30권은 읽었다. 책을 사기 어려울 때는 도서관에 출근 도장을 찍었다. 수능이 끝나고 가장 시간이 많았을 때는 도서관을 집처럼 드나들었다.

그렇다면 제대로 목표를 달성하기 위한 독서를 해본 적이 있는가. 취미라면 준전문가 정도의 지식과 방법을 갖출 때 '진짜 취미'라고 부를 수 있다. 좋아하는 것에 정성을 쏟음으로써 그것이 주는 기쁨을 누릴 수 있다. 낚시를 좋아하는 사람은 온통 낚시에 관련된 용품과 용어들로 둘러싸여 있다. 물건을 사들이는 것에도 거리낌이 없다.

자기계발만을 위한 독서를 해야 한다.

자격증이 많다고 취업이 잘 되는 것은 아니다. 근처 커피숍만 가도 많은 사람은 문제 풀이 공부를 하고 있다. 항상 더 나은 생활을 위해서는 자기계발이 필요하다. 회사들은 그것을 원한다. 매년 신입사원을 뽑는 예산이 회사의 40% 정도를 차지한다고 한다. 그만큼 사장님을 대신해서 일할 수 있는 우수한 사원을 뽑는 것에 많은 투자를 한다. 그래서 취업에서 자격증이나 스펙보다 더 중요하고 꼭 통과해야 하는 관문이 '면접'이다.

자기계발은 반짝하고 잠시만 하는 것이 아니다. 우리는 고등학교까지 나오고서도 또 다른 시험공부를 시작한다. 스펙을 쌓기 위해 자격증을 취득한다. 직업을 바꿔보기 위해서 국비 지원을 받아가면서 또 기술을 개발한다. 더 나은 삶을 위해서 노력한다. 자격증이 밥을 먹여줄 것 같다. 하지만 현실은 변하지 않음에 좌절한다.

내가 아는 친구도 직장을 무수히 바꿨다. 중소기업에서 시작해서 회사가 어려워져서 그만두게 되었다. 그 뒤에 돈을 많이 주는 생산직 직원으로 일했다. 하루 10시간 이상을 육체노동으로 투여하면서 받는 월급은 300만 원이 되지 않았다. 중간에 무기 계약직 시험도 치르고는 했다. 육체노동을 하면서 시험공부를 병행하기는 쉽지 않았다. 그 친구는 항상 자기계발을 하기 위한 노력을 쉬지 않았다.

나도 직장을 열세 군데 넘게 바꿔가면서 그때마다 필요한 자격증을 취득했다. 직장마다 요구하는 자격증도 기본 두 개 이상이었다. 그런 계산법으로 보면 나는 자격증이 26개이다. 자격증 부자였다. 그리고 월급 180만 원을 받는 계약직 직장인이었다.

이런 상황들은 자격증이 쌓여가도 마음이 풍요롭지 못했다. 연봉 100만 원을 높이기 위해서 고민하고 자격증을 취득하려고 주말마다 수업을 듣곤 했다. 자격증 학원에 모이는 사람들은 대개는 세상에 대한 불만을 쏟아내곤 했다.

자신이 하고자 하는 방향을 확실하게 해야 한다. 자기계발을 해서 무엇을 원하는가? 왜 원하는가? 그것을 달성하기 위해서는 필요한 것이 무엇인가? 물음에 바로 답할 수 있어야 한다. 이런 선수 과정으로 목표를 명확하게 하는 것이 중요하다. 거기에 필요한 책들을 선택하여 읽어 정리하고 자신의 것으로 만들면 된다. 성공한 사람들은 이 과정을 항상 거친다.

마음을 다스려야 성과가 있다.

동물은 죽어서 가죽을 남기고 사람은 죽어서 이름을 남긴다고 했다. 묘비에만 이름을 남기지 말고 책을 읽음으로써 내 삶을 더욱 풍요롭게 할 수 있는 길이 있다는 것을 깨닫자. 그렇게 마인드를 다시 세팅한다면 결과는 쫓아오게 되어 있다.

진짜 독서를 통해서 삶을 바꿀 수 있다. 내가 산 증인이다. 책을 다독하는 것도 중요하다. 배경 지식이 많아야 선별하는 눈이 생긴다. 하지만 '마음 독서'를 아는 것도 중요하다. 이는 복지가 나아진다고 이야기하는 게 아니다. 자신을 꼼꼼하게 알아가는 독서로 자존감을 회복하고 세분화하는 경험이 중요다고 강조하는 것이다. 오로지 생각과 상상으로 앞으로의 생활이 풀어진다는 것을 경험했다.

마음 독서를 하기 전에 나는 월급을 200만 원으로 높이려는 생각만 했다. '컴퓨터활용능력 자격증을 취득하면 내 월급이 늘어날 것이다!'라고 되뇌었다. 그래서 3일 만에 필기, 2주 만에 실기까지 빠르게 취득했다. 그때의 마음을 활용하여 빠른 성과를 내는 방법을 깨닫게 되었다.

또한, 운전면허증을 취득할 때였다. 필기를 붙고 실기시험을 준비하면서 묘한 자신감에 취해 있었다. 수능이 끝난 해방감에 마음의 여유와 1종 보통면허를 취득하는 자부심이 있었다.

이 자부심은 아버지가 건넨 한마디 덕분이었다.

"여성들 대부분은 2종 보통면허를 취득한다. 그러니 1종 보통면허를 취득해라."

"너는 특별한 여성이 되어라."

그렇게 나는 1종 보통면허를 취득한 여성으로 고개를 높이 들고 시골길을 누볐다.

드디어 도로 주행 시험 당일이었다. 두 달간 갈고 닦은 실력을 보여줄 날이었다. 시험관 한 명은 보조석에 타고 후 순위로 시험을 보는 사람 두 명이 뒤에 앉았다. 목숨을 담보로 탔던 사람이 네 명이나 되었다. 긴장되고 심장이 뛰었다. 눈을 감고 마음을 다시 되뇌었다.

'나는 1종 보통면허를 취득한 특별한! 여성이다.'

단 5초의 시간 동안 마음을 다스렸던 이 말은 긴장되던 마음을 차분하게 만들었다. 트럭에 시동을 걸고 출발하였다. 1단 기어에서 2단 기어로 속도를 점점 높여갔다. 시험관에게 "부드럽게 출발하는 방법 누구에게 배웠나요?"라는 칭찬까지 받았다. 내 마음은 이미 베테랑 운전자였다.

이런 자기암시를 통해서 긴장을 풀 수 있었다. 성공해서 자격증을 취득한 모습을 상상하였고 그 장면이 익숙했다. 이때 마음가짐의 중요성에 대해서 자각했다.

피겨스케이팅 김연아 선수나, 금메달을 딴 박태환 수영선수도 시합에 들어가기 바로 직전에 이 마인드 세팅을 다시 한다고 한다. 음악 소리로 주변 소음과 집중을 방해하는 요소에서 벗어나 자신의 마음에 집중하는 것이다. 4년을 준비해온 올림픽이라는 극도의 압박 속에서 가장 필요한 것이 마인드 세팅이라는 것을 반증한다.

마음 독서로 뇌가 트였다.

우리 주변의 작은 도서관이라도 1만 권 이상의 책을 보유하고 있다. 독서는 마음의 양분을 만드는 행위이다. 비옥한 땅에서 많은 열매가 나오듯이 척박한 땅을 비옥한 땅으로 만들려면 퇴비도 주고 관심을 주며 돌과 같은 거추장스러운 것은 치워줘야 한다. 독서를 대하는 마음을 먼저 준비하자. 그리고 마음 독서로 생각을 전환하라. 그것이 가져다주는 변화는 무한대이다. 책을 읽을 때의 기쁨과 깨달음이 인생에 가져올 것들은 정말 다양하다. 마음의 크기가 커지고 뇌가 트이면서 힘겹게 움켜쥐었던 감정의 끈을 놓을 수 있게 해줄 것이다. 땅에 심은 씨앗에게도 "못생겼어."라고 말하면 크고 아름답게 자라나지 않는다. 반면에 "정말 예쁘다."라고 말해주는 씨앗은 그 열매의 크기가 크고 맛도 좋다.

비옥한 땅을 만드는 데 투자를 해보라. 그 땅이 가져올 열매를 수확하는 기쁨을 누리자. 이제 마음에서 우러나와 독서가 내게 힘을 가져다주었다고 말한다. 마음 독서에서 가져다주는 많은 이점을 알았다. 진짜 독서로 인생을 바꾸는 출발이 되었다.

03

책을 읽으면 내면의 자신이 보인다

●

●

마음이 어지러울 때는 시를 읽으면 도움이 된다. 사물을 바라보는 따뜻한 시선에 생채기 났던 마음이 어루만져지고 있는 느낌이다. 편협한 시각으로 보기보다는 자신과 비슷한 상황에서 이겨내고 있는 대상을 관찰하다 보면 거기에서 용기를 얻는다. 감정 이입되어 자신도 할 수 있다는 동질감이 생긴다. 만약 시가 접근하기 어렵다면 유명한 시인의 시로 시작하는 걸 추천한다.

한 번씩 주변에 성공해서 돈을 많이 벌었다는 친구의 소식을 듣고 나서 속이 조금 쓰릴 때, 나이에 맞는 번듯한 직장도 얻지 못한 스스로와 비교를 하게 될 때가 있다. 그때는 꼭 손에 닿는 곳에 시집을 두고 읽는다. 부모님에게 책망 섞인 듯한, 대학교까지 보내줬더니 밥값도 하지 못한다는 눈길을 받은 적이 있다. 그럴 때면 어떤 책이든 읽는 행위를 함으로써 심신을 달래고자 했다. 아무 조건 없이 나를 받아주는 것은 책이었다.

과거에는 절망 가득한 생각으로 말을 했다. '내가 감히 되겠어?', '언젠가도 되지 않을 거야.', '내가 잘하는 게 도무지 뭔지 모르겠다.', '난 좋아하는 것도 없다.'라고 생각할수록 그런 사람이 되었다. 이런 생각들은 하등 도움이 되지 않는다.

자신을 깊숙하게 밑바닥까지 들여다보는 원칙이 있다.

스스로를 안다는 것은 단순한 기호를 넘어서는 '쪼개기'이다. 6면 큐브도 공식을 모르는 사람들은 맞추기가 쉽지 않다. 자세히 들여다보면 모든 것에는 원칙과 공식이 있다. 사람의 마음과 생각에도 원칙이 있다.

예를 들어, 연애를 시작하기 전에 연락을 주고받는 남녀가 있다고 하자. 이 둘은 서로에 관해 관심을 보이기 시작해서 호감으로 발전하고 있는 단계이다. 이론적으로만 보면 서로에게 호감이 있으니 "나 너 좋아해. 더 알아가고 싶어. 나와 만나볼래?"라고 고백하고 아름다운 사랑을 이어가면 된다. 하지만 그게 말처럼 고백한다고 해서 전부 다 만나는 것이 허용되지는 않는다. 어느 한 가지 부분에 마음이 식어서 언제든 손바닥 뒤집듯이 바뀔 수 있는 것이다. 이런 사랑은 시작하는 것부터 자신의 감정을 100% 알면서 그것을 표현하기도 어렵다.

친구의 성공 소식이 들려오게 되면 '당연히 축하해야지.'라고 생각했어도 막상 현실이 되면 속으로 질투심에 불타올라 있을 수도 있다. 그게 사람의 복잡한 생각이다. 그 생각도 쪼개어보면 정확하게 자신의 마음을 통제해볼 수 있다.

어떻게 내밀한 나를 알기 위한 단련을 해야 할까? 몇십 년을 같이 살았던 가족들보다 더 가까울 수 있는 존재가 무엇일까? 바로 자신이다.

나를 돕는 가장 친한 친구는 책이었다.

소크라테스도 말했다. '너 자신을 알라'고. 이 말이 의미하는 바는 선(善)을 중시하면서 남의 시선으로부터 자유로워지라는 뜻이다. 질문은 나에게 했지만, 답은 너에게 있다. 당신이 진정으로 원하는 것을 잊지 않고 끝까지 생각해야 한다. 망각하지 말라. 어떤 기준을 갖고 살아갈지를 정하라는 것으로 생각한다.

가장 친한 친구도 같은 감정을 공유할 수는 없다. 그럴 때 책으로 치유받으면 된다. 책은 내면의 자신에게 친구처럼 어떨 때는 위로를 건네준다.

자신을 쪼개기 위해서는 무의식을 알아야 한다.

두렵거나 당황스러울 수도 있다. 생각하지 못했던 내면의 자신의 모습이 불쑥 드러나기도 한다. 그렇지만 안심해도 된다. 처음 불을 사용할 때도 낯설고 두려움을 느꼈지만, 곧 불이 없으면 안 되는 인간으로 진화하였다. 초등학생만 되어도 가스레인지를 사용할 줄 안다. 인간은 적응의 동물이다. 자신이 생각하고 훈련을 하면 어떤 것도 해낼 수 있는 신비한 존재다.

무의식이 자신을 지배하고 있는 무서운 상황이 있다. 아주 깊숙한 곳에 내재되어 있는 무의식은 많은 것들에 반영이 된다. 특히 성장 과정에서 겪은 경험과 말들의 영향이 크다.

가장 많이 들으면서 자란 말이 무엇인가? 곰곰이 생각해보라.

나는 "여성은 여성스럽게 살아야 한다. 얌전하고 가정일 잘하면 된다. 방정 떨지 마라."와 같은 말을 많이 들었다. 그 때문에 행동에 제약을 가했다. 울타리 밖을 벗어나고 싶지 않아졌다.

성향은 진취적이었으나 그 무의식으로 억누르고 있었다. 이 과정을 겪으며 '얼마나 많은 생각과 좌절 속에 빠져 지냈던 걸까'를 인식하는 순간 빠르게 빠져나와야 한다. 같은 실수를 다시 반복하지 않도록 기록해놓으면 좋다.

매번 마음을 힘들게 하는 무의식의 말들이 들릴 때마다 찾아가보는 과정을 반복하면 결국 쪼개진다. 무의식을 이겨낼 수 있다.

이 과정을 빠르게 진행할수록 자신이 원하는 것을 찾아낼 수 있다. 청춘은 개간하기 좋은 땅과 같다. 돌이 아주 많은 땅에서 열매를 맺기 좋은 비옥한 땅으로 만드는 과정은 상당한 시간과 노력이 필요한 일이다. 최근 나의 모습을 다시 살펴보는 계기가 있었다.

하루는 언니의 도움 요청으로 땅을 일구러 갔다. 그곳은 산속 깊은 곳에 있었다. 논이나 밭이라고 말할 수 있을 만한 공간이 아니었다. 그곳에 열매를 맺는 작물을 심을 것이라는 약간의 허무맹랑한 발언을 했다. 나는 하루 만에 고랑 하나를 만들어야 하는 미션을 맡았다. 다행히 혼자가 아니라 함께할 언니가 있었다.

음악의 힘을 빌려서 우리는 함께 돌을 치우는 작업부터 시작했다. 손으로 하다가 호미와 곡괭이를 들고 본격적으로 시작했다. 돌밭은 건드리는 곳마다 잡히는 게 돌이었다. 처음에는 '왜 이것을 손으로 일일이 하는 거지? 포크레인으로 해도 되지 않나?'라는 회의감도 들었다. 번거로운 작업이었다. 미션을 준 언니까지 욕할 지경이었다.

그래도 한번 시작한 것은 끝내야 했다. 그렇게 3시간 동안 돌과의 사투 끝에 2m 길이의 작은 밭고랑 하나를 만들었다. 씨앗도 바로 심기 좋게 모종용 검은 비닐까지 씌워서 마무리했다. 작은 밭고랑 하나를 만드는 데도 3시간이라는 시간과 노동이 필요했다.

이 과정에서 '할 수 없는 것은 없다.'를 깨달았다. '포클레인 한 시간이면 처리되는데…'라는 부정적인 생각이 머릿속에 또 떠올랐다. 이내 주어진 환경에 적응하고 받아들이기로 했다. 스스로의 한계는 내가 설정하는 것이었다.

스스로를 쪼갤 때 꼭 필요한 것이 있다. 독서를 하면서 간접경험을 해야 한다. 생각의 늪으로 빠질 염려가 있다. 내면의 자신은 강력하다. 이것과 싸우는 데 도움이 필요하다. 그 적이 가족이 될 수도 있다. 배경 지식을 쌓아서 정확하게 사회의 원칙을 알아두면 적용할 때도 유용할 것이다. 그러니 우선순위로 두고 집중적으로 알아가라. 독서는 시간이 없다고 하지 못하는 것이 아니다. 독서는 씨앗을 뿌릴 만한 땅을 만드는 데 필요한 밑거름이다.

적절한 휴식을 취해라.
가끔 작은 것에 너무 많은 에너지를 쏟게 되면 그게 부정적인 것으로 변할 때가 있다. 에너지라는 것은 강력하다. 스스로 잘 알아채고 벗어나야 한다. 한 걸음만 뒤로 가서 살펴보면 생각이 바뀌는 경험을 하게 된다.
'왜 이렇게 부정적인 마음이 들지?'라는 생각이 들 때마다 유체이탈을 경험하는 느낌으로 내면의 자아를 앞에 두고 이야기를 건네봐라. 사랑하는 친구에게 조언을 해주는 상대 입장이 되어 보살펴줘라.

마지막으로 위로가 필요한 우리를 위해 다음의 시를 추천한다.

흔들리지 않고 피는 꽃이 어디 있으랴

이 세상 그 어떤 아름다운 꽃들도

다 흔들리며 피었나니

흔들리면서 줄기를 곧게 세웠나니

흔들리지 않고 사는 사랑이 어디 있으랴

......

– 도종환, 「흔들리며 피는 꽃」 중에서

04

책은 나 자신을 믿게 만들었다

●

●

현대 사람들은 대부분 시간이 없다. 직장인, 엄마, 아빠, 누나, 동생, 며느리 등 여러 역할을 하느라 바쁘다. 시간이 없는 이유로 이런 말을 한다.

"내가요? 전문가도 아니고, 못 해요."
"지금은 사정이 안 돼서 못 해요. 나중에, 언젠가는 할게요."
"이미 늦었어요. 그거 하려면 시간이 오래 걸리잖아요."
"피곤해서 자는 게 먼저예요."

누구에게나 시간은 동등하다. 그러나 평등하진 않다. 성공한 사람들은 전부 시간이 소중하다고 외친다. 성공의 가장 큰 포인트는 시간을 어떻게 활용하고 쓰는지에 달려 있다고 한다. 어떤 사람은 24시간을 12시간처럼 쓰고, 성공한 사람들은 48시간처럼 쓴다. 그리고 시간을 만들어서 책도 매일 습관처럼 읽는다.

그 둘은 하루의 풍경이 다르다. 시간적 여유가 없는 사람들은 바쁘게 출근하느라 정신이 없다. 사람들 틈에서 낑낑거리며 지하철을 타고 허겁지겁 회사 건물로 들어간다. 땀이 난 몸과 숨을 고르는 데 또 30분을 사용한다.

반면에 새벽 시간을 이용하는 사람은 남들보다 일찍 일어나서 스스로의 몸과 마음을 다스려 여유롭다. 아침 일찍 나서니 지하철에는 사람이 없다. 책을 펼치며 읽을 수 있는 공간도 넉넉하다. 마음이 차분하니 온몸에 배려가 넘쳐 흐른다.

시간을 만들어내는 것은 나 자신에게 주는 선물이다.

하루에 자기만의 시간을 얼마큼 사용하는가? 해야 할 일만 다 하고 잠자리에 들기에는 재능을 놀리는 것에 가깝다. 그게 지속이 된다면 자신을 잃어버리게 될 것이다. 아주 작더라도 여유시간을 만들어보라. 커피 한잔을 마시는 시간이면 된다. 혹은 워킹맘, 워킹대디는 아이들을 재우고 난 후의 30분이면 된다. 아이들에게 미안해하지 않아도 된다. 오히려 자신의 재능을 발견하는 시간, 잠재의식에 숨어 있던 가치를 꺼내는 모습이 자연스럽게 교육으로 이어질 것이다.

자신을 믿지 못하는 사람은 스스로가 한계를 지어버린다. "난 아직 못해. 왜냐하면…" 등의 말들로 능력이나 시간이 정해져 있다고 믿는다. 어렸을 때부터 배워온 말과 직접 경험한 사실이 스스로를 만들었다. 그리고 대부분 안정을 추구한다. 안정적인 것이 편안함을 줄 수는 있다. 대신 발전할 수가 없다.

부안의 변산반도 해변에 선후배들 20여 명과 함께 놀러간 적이 있다. 서해의 특성 중 하나는 바다 깊숙이 들어가도 해수면이 무릎 높이까지밖에 안 온다는 것이다. 그런 사실을 모르고 바다 배구를 하고 놀다가 배구공이 떠내려갔다. 우리는 우르르 몰려가서 배구공을 잡으러 자꾸만 바다로 향했다. 처음 50m, 100m를 걸어가면서 생각했다. '이제 점점 깊어지겠지? 천천히 가야겠다.' 그러나 아무리 걸어가도 깊어지지 않았다. 뛰다 걷기를 반복했다. 어느 순간 '이곳은 위험하지 않구나!'라는 판단이 들었을 때 달렸다.

스스로가 잘 모르는 부분에 대해 도전을 한다는 것은 누구나 두렵다. '실패하지 않을까. 혹여나 다치지는 않을까.' 조심스럽고 안정성을 추구하게 되어 있다.

태어났을 때부터 모든 것이 두렵고 무서웠을까? 그렇다면 두 살배기는 걸음마도 시작할 수 없을 것이다. 넘어질 것을 알아서 걷지 않는다면 평생 기어서 살 것이다. 그리고 자신의 눈 안에 담긴 풍경을 세상 전부라고 생각할 것이다. 1평의 울타리를 치지 마라. 모든 생각의 시작은 당신의 마음에 달려 있다.

성장하는 것을 미루지 마라.

성장하고자 한다면 한계를 뛰어넘어라. 실패하라. 그것에 두려움을 느끼지 마라. 두려움은 도전을 하지 못하게 만든다.

아침에 일어나는 것이 처음 며칠은 힘겨울 것이다. 못 일어나게 되는 날도 있을 것이다. 목표가 완벽하게 수행되지 못했다고 포기하지 마라. 다시 또 수행하면 된다. 큰 유리병을 채워보자. 먼저 자갈돌로 가득 채운다. 그리고 유리병을 떨어뜨리면 깨져버리고 말 것이다. 그러나 다시 그 안에 모래를 부어보자. 입자가 작은 모래는 사이사이로 자기 자리를 찾아가 유리병을 틈새 없이 채워놓을 것이다. 속이 꽉 찬 유리병은 망치 같은 무기가 되어 단단해진다.

우리의 인생도 마찬가지다. 인생이라는 유리병에 성공의 자갈들로만 채우면 빈틈이 너무나 많다. 실패의 경험들로 인생 유리병이 깨지지 않도록 채우는 과정을 반복해야 한다.

안정을 찾아가는 무의식은 두려움으로부터 자신을 보호하려는 본능적인 방어기제이다. 방어기제의 벽이 두꺼울수록 도전을 두려워할 가능성이 크다. 이런 기질이 많은 사람은 실패로 자신의 중심축까지 흔들린다.

"나는 실패를 두려워하는 사람이다."라고 자신에게 스스로 한계를 정했기 때문이다. 실패해서 강물로 뛰어들었다는 뉴스는 한 해 중 꼭 등장하는 사건이다.

실패에 대해 인정을 하면 된다. 실패는 누구나 할 수 있는 너무나 당연한 일이다. 누구나 겪는 것이다. 밥 먹고 잠을 자는 것과 같이 여겨라.

실패는 하나를 더 배웠다는 뜻이다. 다른 사람보다 하나의 자산이 쌓였다. 그 방면에서 전문가로 향하는 걸음을 뗐다. 이로 인해 성공으로 가까이 다가가고 있다는 것이다. 모든 것에는 이유가 있다. 당신이 그 순간에 그 실패를 하게 되는 이유가 있다.

과거에 나는 자신을 믿는 것에 실패했다. 자존감은 바닥을 쳤다. 나를 제외한 모든 것에 의존했다. 부모님의 칭찬이나 인정에 목말라서 한마디 말에 휘둘리는 사람이었다.

그때 『데미안』을 읽었다. 주인공 에밀 싱클레어와 꼭 닮은 나를 발견했다. 자신에게 치열하게 집중하고 자아를 찾아가는 성장 스토리를 보면서 안도감을 느꼈다.

"새는 투쟁하여 알에서 나온다. 알은 세계이다. 태어나려는 자는 하나의 세계를 깨뜨려야 한다. 새는 신에게로 날아간다. 신의 이름은 아프락사스."

이 문구가 마치 나에게 말하는 것 같았다. 여태까지 투쟁해왔던 대상이 잘못되었음을 알았다. 부모님, 주위의 환경, 사회와 싸워오고 있었다. 나 자신은 등한시한 채. 자신만의 세계에 갇혀버렸던 나 자신을 깨달았다. 그리고 책을 계속해서 읽기 시작했다.

그때 인문학 읽기에 많이 집중하였다. 니체의 책을 읽어보려고 도서관에서 대출을 받았다. 철학책은 읽기가 너무 어려웠다. 그래서 『전태일 평전』처럼 더욱 와닿는 사회 문제를 다룬 책부터 읽기 시작했다. 실패 속에서도 자신이 믿고 가는 하나의 신념을 향한 열정은 가슴 속에 뜨거움이 일었다.

'나도 할 수 있어!'라고 믿기 시작했다.

내 안의 힘을 믿으니 중요한 기준이 달라졌다. 외모를 바라보는 마음 자체가 바뀌었다. 영화 〈내겐 너무 가벼운 그녀〉를 보면 직관적으로 알 수 있다. 남자 주인공은 외모만 밝히다가 최면술사에게 내면을 보라는 최면이 걸린다. 그 이후로 여성들의 내면이 외모로 드러났다.

자신을 믿지 못할 때는 겉모습이 못나 보이고 미웠지만, 이제는 사랑해주고 있다. 다른 사람의 외모를 지적하는 말에 중심이 흔들리지 않는다. 스스로가 믿고 가야 하는 목표가 생겼다. 자아 성장을 하면서 다른 사람을 도울 것이다. 그것이 내가 해야 할 일이라고 생각한다. 먼저 자신을 믿게 되면 '어떻게 살면 좋을지?'에 대한 답을 얻을 수 있다.

그러니 자신 안의 힘을 발견하고 싶다면 책을 읽어라. 독서는 손쉽게 얻을 수 있는 경험의 현장이다. 누군가의 경험을 보고 배워라. 그들의 집약체인 책을 읽어라. 거기서 스스로가 가고자 하는 길을 먼저 갔던 사람들의 사례들을 보면서 삶에 접목해보라.

05

나는 책에서 인생을 배웠다

●

●

우리는 해넘이를 겪으면서 항상 들어오는 말이 있다.

'목표를 세워야 한다.'

'목표대로 살아야 한다.'

'방심하면 금물이다.'

'생각 없이 살면 퇴보한다.'

'결과로 보이지 않으면 실패다.'

이런 말들로 자신을 채찍질하고 경쟁 속에서 하루하루를 버텨낸다. 그것만이 정답인 양 믿으며 살고 있다. 교육 과정 속에서도 '못해도 괜찮다.', '너를 찾으면 된다.' 이런 빛 좋은 개살구 같은 말들은 문학 속에만 존재했다. 물론 결과가 중요한 건 사실이다. 채찍질이 성과를 내기에 좋은 상황도 있다. 주로 시험점수를 잘 내야 하는 상황이거나 데드라인이 얼마 남지 않은 상황이 그러하다.

그러나 현대 시대는 100세 인생이 도래했다. 거기까지 도달하려면 아직도 많은 시간이 남았다. 엎어지고 일어날 기회도 많이 남았다. 여러 성공과 실패의 과정을 겪으며 나를 배울 수 있는 깨달음도 많이 겪을 것이다. 사람마다 각자 성공과 실패가 도달하는 시간은 다르다. 이제 옆 사람과 비교를 넘어서 '나 vs 나'의 대결을 해야 할 때가 되었다.

내가 재능 있는 분야는 무엇이고, 어떤 부분에서 약해지는지를 세부적으로 알아야 한다. 인생의 성공은 너무나 달고 실패는 너무나 쓰기 때문이다. 그래서 예방책을 마련해야 한다. 그렇기에 '나'라는 사람에 대해서 많이 연구하고 어떤 사람인지 다각도로 조명해 알아내야 한다. 가장 간단하면서 좋은 방법은 책 읽기이다.

예를 들어 '나무'를 떠올려보자. 가장 먼저 떠오르는 이미지가 무엇인가? 초록색, 푸름, 높은 키, 열매, 상쾌함, 피톤치드, 숲, 촉촉함 등의 단어들이 떠오를 것이다. 이 단어들로 우리는 오감 전부에서 느낀다는 것을 알 수 있다. 직관적으로 나무를 만지고, 숲을 거닐면서 상쾌한 공기도 마셔보고, 나무가 즐비한 거리를 지나면서 본 풍경도 잊지 않고 있다. 그런 직관적인 이미지들을 통해서 다양한 면을 상상할 수 있고 냄새까지 기억해내는 것이다.

마찬가지로 우리도 '나'라는 존재에 대한 직관적인 체험이 필요하다.

오감으로 나를 알아내야 한다. 하지만 인간의 뇌는 정말 복잡하다. 감정도 포함되어 쉽게 말로 설명하기 어렵다. 코끼리를 냉장고에 넣는 법처럼 3단계로 끝나는 알기 쉬운 법칙 같은 것도 없다. 저마다의 삶도 다르고 경험도 다르다. 그래서 내가 느낄 수 없는 부분은 책으로 간접경험해야 한다.

나의 인생이 그러했다. '제주도' 하면 떠오르는 생각은 수학여행이나 가족끼리 갔던 식물원 체험이 다였다. 그 이후로 흥미가 생기지도 않았다. 그러던 어느 날, 우연한 계기로 『제주도에서 아이들과 한 달 살기』라는 책을 접했다. 당시에는 한 달 살기라는 주거 형태가 익숙하지 않은 상황이었다. 아이와 함께 살 집을 구해서 낯선 경험을 시도하는 이야기를 다룬 책이었다. 그 생활은 완전히 아이를 위한 '공부로부터의 해방' 생활이었다. 읽고 싶은 책을 읽다가 놀고 싶으면 바닷가로 바로 가서 수영하기도 하고, 건강한 식생활을 하면서 보낸다. 작가는 아이들에게 인생에서 가장 필요한 '여유'라는 가르침을 주었던 것이 아니었을까?

그 이후로 나도 제주도 한 달 살기를 늘 마음속에 품고 있다. 하나의 숙제 같았던 제주도 여행은 '배움'이라는 공간으로 탈바꿈했다. 몇 년이 흐르고 성인이 되어 제주도를 다시 방문하였을 때는 제주도를 사랑하게 되었다. 그동안 나에게 일어났던 일들로 인해 제주도에서 느낄 수 있는 여유와 자연이 주는 가르침을 자연스럽게 습득하고 싶었다. 그래서 매년 제주도를 방문하기로 마음먹었다. 태풍이 몰아쳐도 갔었다. 지금도 한 해에 한 번은 꼭 가려고 마음먹는다.

사람은 혼자 태어나고 혼자 죽는다.

넓게 보자면 혼자의 삶을 살아가기 위한 연습 없는 실전의 과정을 겪는 것이다. 시련에 굴복하지 않고 즐거운 것은 온전히 나의 것으로 받아들이도록 처음에 세팅되었을 것이다. 그래서 나를 잘 돌보는 방법을 익혀야 한다. 아침에 일어나서 규칙적으로 생활하고, 건강한 자연식품이 많은 식사를 하고, 땀이 나도록 30분 이상의 운동을 하고, 스트레스가 쌓이면 풀어주도록 해야 한다.

심리상담를 받았을 때 나를 지키는 방법으로 권해줬던 방법이 있다. 딱 세 가지에 집중해보라고 했다. "오늘의 나는 밥을 잘 먹는지? 잠은 잘 잤는지? 기분은 괜찮은지?"

간단하게 넘길 수 있는 기본적인 질문이었다. 우리가 사랑하는 사람에게 관심을 기울이는 아주 간단한 방법이었다. 다른 사람뿐만 아니라 나를 사랑하고 지켜주기 위함이다. 그때부터 간단한 세 가지의 질문의 힘을 깨달았다. 그래서 항상 소중한 사람들의 하루를 살펴주고 있다. 나의 하루도 마찬가지다. 기본이 밑바탕이 되어야 한 단계 발전할 수 있다.

그때 추천해줬던 책이 있다. 『나에게는 지우고 싶은 기억이 있다』라는 책이다. 여기서는 타인의 논리에 따라 자신의 감정을 무시하고 과거의 상처의 기억에서 벗어나지 못한다고 말한다. 나에게도 어느 정도 해당하는 부분이 있어서 순식간에 읽었다. 나는 끊임 없이 과거에 몰두했었다. 내가 어떤 사람인지 알기 위해서 병적으로 생각의 고리를 물고 늘어졌다.

또한, 책 읽기를 통해 '의식'의 수준을 높였다.

책을 읽기 전에는 의식에 대해서 정확하게 인지하지 못했다. 비슷하게 통찰, 신념, 사고 정도의 단어로 사용하고 있었다. 국어사전에서는 철학적인 의미로 '감각을 느끼거나 인식하는 모든 정신 작용'이라고 정의하고 있다. 즉, 하나의 대상을 바라볼 때 여러 방면에서 일어나는 마음을 알아차리는 것이라고 보면 좋겠다. 의식이라는 것을 제대로 의식하지 못한 채로 살았던 것이었다.

그렇다면 왜 의식이라는 부분이 중요할까? 인간은 본능이 충족되면 만족하는 동물이 아니다. 생각을 할 수 있는 구조를 갖추면서 태어난 이상 생각을 해야 한다. 생각하지 않고는 해낼 수 없는 사회 시스템이다. 길을 건널 때 무작정 아무 신호도 없이 건널 수 없다. 신호등이 무슨 색을 표시하고 있는지 생각을 하고 차량의 흐름을 살펴보면서 손짓, 눈짓을 해줘야 하는 것과 같다. 나는 이 의식이라는 것을 깨닫고 생각하면서 살아가고 있는 자체만으로도 생활의 격이 달라졌다.

그것 말고도 과거의 물음들에 대한 해답이 나오거나 찾아가는 즐거운 과정을 겪고 있다. 부정적으로만 바라보고 좁은 시각으로만 접하던 세상이 달리 보였다. 입에 달고 살던 남 탓, 비난, 절망, 불평, 불만 등이 긍정적으로 바뀌었다. 무기력하던 상황에서 벗어날 방법을 알게 됐다. 해결법을 찾는 방법을 깨우쳤다.

모든 것이 가능한 모든 일의 중심에는 행동으로 옮기는 일이 포함되었다. 책을 펼치고 읽어보려고 시도조차 하지 않았다면 나는 아직도 미간에 내 천(川) 자를 그리면서 살았을 것이다. 의식이 변화하면서 행동도 변화하게 되었다.

작게는 새벽에 일어나는 시간의 중요성을 들었다고 하자. 그것을 보고 감명을 받아서 나도 '새벽에 일어나야지!' 하고 결심하게 될 때 의식이 변화하고 행동까지 변화된 것이다.

가정에서 겪던 인간관계가 직장의 복잡하게 얽힌 곳까지 가다 보면 의식이 낮으면 안 된다. 그러면 금방 제풀에 고꾸라지고 말 것이다. 잘한다고 칭찬만 해주는 부모님은 이제 없다. 결과에서 성과를 내야 한다. 좋은 결과를 만들어내기 위해서는 '사고'하고 '의식'하지 않고는 어렵다.

보통 체계가 잡혀 있을수록 그 체계에 잠식되어 '내 것'을 생각해내거나 시도해보지 못하는 것에서 절망을 느낀다. 그 체계를 완전히 느끼기까지가 신입의 과정이다. 나도 작년에 하던 그대로 보냈던 1년과 효율적인 방법을 찾아서 실행해보았던 1년의 생활이 다르다. 삶에서도 효과가 나온다. 후자의 해에는 자기계발에도 신경을 쏟을 수 있었다.

그러니 나를 잘 지키고 살아가는 방법을 찾고자 한다면 책을 읽어라.

06

책을 읽으면서 열정적인 도전가로 변신했다

●

●

인생을 돌이켜봤을 때, 가장 진하게 도전한 경험은 무엇인가?

내가 첫 운전을 할 때였다. 처음 시작할 때 심장이 뛰었다. 운전면허를 따고 장롱 면허증으로 묵혀두었다가 5년 만에 처음 운전대를 잡았다. 운전면허 시험 볼 때처럼 보조석에서 브레이크를 밟아주는 감독은 없었다. 온전히 '나 홀로 운전대' 상황이었다. 그 공간을 혼자 끌고 가야만 하는, 모든 것을 스스로 컨트롤하는 상황이었다. 신경 쓸 것은 많았지만 이상하게도 눈은 반짝였다. 심장이 벌렁거렸다. 즐기고 있는 나였다.

안전벨트를 먼저 매야 하는지? 기어를 D로 먼저 둬야 하는지? 액셀이 왼쪽에 있었는지? 무엇을 제일 먼저 해야 할지? 알아챌 새도 없이 대뜸 출발부터 하는 초보였다. 그래도 스피드의 바람을 느끼겠다며 창문을 열고 다녔다. 자유가 느껴졌다. 나를 옭아매는 것들이 전혀 신경이 쓰이지 않고 오로지 나만 존재한다는 경험을 했다.

이 차의 주인은 나다. 다른 누군가가 휘두를 수 없는 나의 공간이다. 액셀을 눌러서 차를 움직인다. 차가 움직이는 순간, 굉장한 쾌감을 느꼈다. 그것으로 주체가 된다는 말뜻을 비로소 알게 되었다. 바람을 느끼는 것이 내가 운전을 하고자 하는 마음에서 비롯된다는 것을 알았다. 즉, 내가 원할 때 하는 도전에는 상상을 초월한 힘이 생기게 된다는 뜻이다.

처음에는 선배가 시켜서 했던 운전이었다. 하지만 운전을 하는 바로 그 순간에는 책임감이 부여되면서 중심을 '나 자신'으로 놓고 정신을 똑바로 차려야 한다. 내 목숨을 걸고, 내가 운전한다는 주체자로의 마음이 있어야 한다. 그래야만 두려움을 떨치고 자신감으로 중무장한 채 끼어들기, 주차를 할 수 있다. 못하면 또 어떤가? 초보일 때만 누리는 즐거움이라고 생각하자. 그렇지 않으면 트라우마처럼 남을 수 있다. 일일 이벤트로 면허증을 딴 것이 아니니 운전의 자유를 상상하라.

자의에 의한, 스스로 실천하는 주체로의 경험이 아니었다면 비난의 화살은 전부 실패라는 인식으로 바뀔 것이다. 이 인식을 벗기는 데는 열 배 이상의 노력을 쏟아야 한다. 사람을 만나는 첫인상과 마찬가지이다. 처음 마주한 사람이 어떤 마음으로 대하는지, 태도가 어떤지가 평생 이미지로 만들어진다고 한다. 그 이미지를 벗기는 데는 60번의 만남이 있어야 다른 이미지로 뒤바꿀 수 있다고 한다.

그래서 도전의 바탕에는 자의가 포함되어야 한다.

마음이 첫 번째 문제였다. 즉 마음을 먹고 실행하지 않으면 그 어떤 도전도 하고 싶지 않을 것이다. 매번 성심성의껏 이미 도전해서 이룬 모습을 상상하고 마음먹어야 한다.

예를 들어, 자신이 이루고 싶은 부분이 있다고 하자. '난 부자가 될 거야.'라는 소망이 있다면 이것이 누군가의 강제성에 의한 소망일까? 그렇지 않다. 분명히 성심성의껏 매일 소망하고 기도했을 것이다. 그러면 난 왜 부자가 되지 않았을까?

부자로 변화하려면 실천이 뒷받침되어야 한다. 성공한 사람들은 전부 빠른 실행력을 갖췄다. 도전하는 것에도 주저함이 없다. 한 가지 하고 싶은 목표가 생기면 일단 실행해보고 실패한다. 그러면 "에이~ 안 됐네. 다음엔 달리 해보자."라는 마음으로 넘겼다.

〈김미경TV〉 유튜브에서 김미경 강사의 삶의 모토를 들었다. 그녀는 '일단 해보자. 하고 안 되면 다음에 하면 되지.'라고 한다.

실천하는 행동이 있으려면 실행할 수 있는 환경을 만들어야 한다. 실행하겠다는 마음가짐을 가진다면 발전할 수 있는 속도에는 터보 엔진을 달 수 있다. 도전이라는 엔진에 힘을 실어보자. 자신만의 실천할 수밖에 없는 환경을 구축해보자.

그 도구가 책이다. 다양한 책을 읽다 보면 도전하며 사는 사람들에게 동기부여를 받을 수 있다. 자신이 몰랐던 세상에 대해서 접할 수 있다.

무언가 가슴에 뜨거운 열망이 용솟음치는 것을 느낄 수 있다. 그동안 알고 있던 것이 '우물 안의 개구리'라는 것을 바로 깨달을 것이다.

운전의 진한 도전은 나비 효과가 되어 인생에서 곳곳에 나타났다. 나는 그 심장 벌렁거림을 다시 느끼고 싶었다. 그리고 깨달았다.

'이 느낌을 가지려면, 나는 부유해져야 한다.'
'도전하는 삶을 살자.'
'하고 싶은 일을 하면서 살자.'

그래서 내가 원하는 대로 살 방법을 책을 통해서 깨우쳐갔다. 그때『시크릿』책이 전 세계를 강타했을 때였다. 그 책에서 "비슷한 것은 비슷한 것을 끌어당긴다."라는 끌어당김의 법칙의 문장을 보았다. 자신이 살아가고 있는 곳의 환경이 곧 자신의 모습이다. 이를 알면 놀라운 일이 벌어진다.

적극적이고 빠른 실행력은 열정이다.
인간의 의지는 상당히 약하다. 의지란 녀석이 좀처럼 말을 듣지 않는다. 아침에 일어나고 싶어도 못 일어날 수밖에 없게 만든다. '어제 잠이 조금 부족했어.'라며 합리화를 하게 만든다. 그래서 우리는 실천하기 위한 환경을 구축해야 한다.

성공한 사람들을 가만히 보고 있으면 그들은 빠른 실행력을 갖고 있다. 그들은 자신의 환경을 어떤 일을 실행하지 않으면 되지 않는 상황으로 조성해놓는다.

주말에 아르바이트하던 때 만난 사장 언니가 있다. 장거리를 이동하는 일이 많았다. 운전하는 동안 이런저런 이야기를 많이 나누었다. 그때 내가 물어보았다.

"언니는 주말이 일로 꽉 차 있네요. 그럼 나머지 요일은 어떻게 관리하세요?"

"월요일은 주문 들어온 거 정리하고, 화요일은 재고 파악이랑 운동하고, 수요일은 좀 쉬고, 목, 금은 주말에 나갈 거 준비하지. 종종 평일에도 한 타임 잡히면 일하구."

사장 언니는 막힘없이 이야기했다. 이미 패턴화되어 자신의 일상을 사업이 잘되게끔 구축해놓은 것이다. 다른 경쟁사들이 전부 소리소문없이 없어져도 그것은 사업을 지속하게 하는 중요한 요소가 되었다.

나는 스피닝 운동에 열정을 쏟은 적이 있다. 스피닝을 타기 위해서 스스로 운동하는 환경을 만들었다. 퇴근 후에 바로 스피닝 수업을 들어가는 일정을 짰다. 이동시간, 운동복으로 갈아입는 시간, 화장 지우는 시간, 중간에 마실 물을 떠놓는 시간까지 전부 포함해서 움직였다. 스피닝은 인기 수업이라 한 달에 한 번 수강 신청을 했다. 아침 6시에 온라인으로 등록하는 날은 전쟁이었다. 6시가 되기 5분 전부터 클릭을 하고 있었다. 콘서트 티켓팅에 버금가는 등록 경쟁이었다. 6시 1분이 되면 모든 인원이 꽉 채워졌다. 나는 거의 95%의 확률로 성공했다. 수강 신청을 하면 주차비도 월권으로 결재해두었다. 모든 준비물을 담을 수 있도록 하나의 가방으로 짐을 축소했다. 그리고 항상 전날에 준비해두고 잠을 잤다. 가방만 들고 출근하면 됐었다. 이 모든 것은 계획하지 않았다. 습관이 되도록 몸과 환경을 세팅해두었다. 작은 반복으로 습관을 만들면서 2년 동안 99%의 출석을 했다.

어떤 분야에 열정적인 도전을 하고 싶은지 결정했다면 이것을 버킷리스트로 작성해두자. 머릿속에 남은 기억은 망각하기 쉽다. 스텝을 밟아가기 위해 직접 글로 작성하고 '구체적으로 소망'해야 한다. 가슴 뛰는 도전을 위한 리스트를 작성하는 것만으로도 행복감을 느끼게 될 것이다. 행복한 기분으로 버킷리스트를 작성하자. '언젠가….'라는 마음은 미뤄두고 구체적으로 이루어진 것으로 생각하고 작성하자. 이루어진 모습의 생생한 느낌을 받으면서 행동하면 그것이 실현되어 있을 것이다. 소망하고 이루어진 모습의 버킷리스트를 지워가는 재미를 느껴보자.

나는 열정적인 도전을 통해 인생에 예의를 갖출 수 있었다. 그동안 방치만 해놓고 꾸준히 하지 못했던 운동을 시작할 수 있었다. 매일 운동을 하면서 튼튼해지는 체력을 느낄 수 있었다. 몸에 관심을 쏟으면서 대충 아무거나 먹었던 나에게 미안했다. 나의 몸을 조심해서 소중히 다루며 다치지 않을까 살펴볼 수 있는 여유가 생겼다. 오랫동안 뛸 수 있는 사람이 되었다.

그리고 나를 탓하지 않는 사람이 되었다. '나도 할 수 있어!'라는 작은 성취를 이루어냈다. 감정 속으로만 들어갔던 나를 끄집어내게 되었다. 열정적인 모습을 사랑하게 되었다. 다양한 나의 모습을 마주하면서 장점이 많은 나를 드러내게 되었다.

다른 사람에게 휘둘리지 않을 수 있는 '나 자신'이라는 무기가 생겼다. 책을 통해서 많은 지혜를 얻었다. 사람에 대해 가졌던 기대심을 낮추면서 내려놓을 수 있었다. 도전이란 무섭고 두렵지 않다는 것을 알았다. 원하는 것이 있다면 지금 실행해보라. 인생에 대한 예의를 갖추자. 그게 무엇이든 얻을 것이 있을 것이다.

07

나는 인생에 문제가 생기면 책을 읽는다

●

●

'인생에서 많은 문제에 대한 답을 미리 알 순 없을까?'

문제들에 부딪힐 때마다 이 고민을 반복한다. 인생을 살면서 문제는 예상치 못한 상황과 때에 벌어진다. '이것이 문제다!'라고 원인을 즉각적으로 알아챌 수도 없다. 과거에도 그랬고 앞으로도 그럴 것이다. 어떤 불친절한 문제들은 어느 정도의 양이나, 언제 올 건지 알려주지도 않고 불쑥 찾아온다.

어떤 문제가 벌어진다. 그건 당연하니 받아들인다. 하지만 문제는 상처를 받는다는 것이다. 우리는 학습된 상처로 인해 괴로움을 겪는다. 처음 친구들과 싸워 갈등을 겪었던 상황이 그러했고, 고등학교를 졸업하고 스무 살이 되었을 때 미래를 선택하는 순간이 그러했고, 사업에 실패하는 상황이 그러했고, 내 자존감이 바닥에 떨어질 때 그러했다.

상처의 종류는 세 가지로 나뉜다. 첫 번째, 말로 받는 상처의 문제이다. 기억나지 않는 옹알이부터 우리는 말을 하고 살았다. 뇌가 진화하면서 사고를 하게 되었고 그때부터 문제가 발생하였다. 네 살이 되면 성장발달 속도에 따라서 깊이도 생긴다.

우리 조카를 보면 알 수 있었다. 양쪽 집안의 첫 조카였고 항상 이런저런 말들이 귀에 들어왔을 것이다. 어느 날 말을 하기 시작하더니 그 말이 진화했다. 처음에는 "고모, 저건 왜 빨개?" 이런 1차원적인 현상에 대한 질문들을 주로 했었다. 그러더니 "고모는 왜 약속을 안 지켜?"라고 문제 행동을 인식하고 그것에 대한 불만을 표현하는 말을 했다. 아이는 '약속'이라는 규칙의 세계에 대한 통달을 한 질문을 건네는 것이었다. 놀라운 일이었다.

그러니 말이 항상 문제였다. 게다가 상처를 받는 말들은 관계에도 영향을 미친다. 내가 소중하게 여기는 관계일수록 말이 갖는 힘은 대단히 깊숙한 곳을 건드렸다. 생각해본 적도 없는 말들이 가슴을 후벼 팔 때가 있다.

한번은 부모님이 나에 대해 말하는 걸 옆에서 들었다. "좀만 더 잘하면 전액 장학금인데 반장밖에 받지 못했다."라는 말이었다. 이 말이 두고두고 상처가 되었다. 그때는 내가 이룬 성취에 대한 무시를 받았다는 모멸감이 들었다. 가장 인정받고 싶은 사람에게 배반당한 느낌이었다. 스스로가 '잘했다.'라고 칭찬해주지 못하고 부모에게서 '인정'을 받고자 했다. 부모님의 마음은 딸이 자랑스럽다는 쑥스러움의 표현이었을 것이다. 자존감이 없으니 말 한마디가 굉장히 묵직하다.

두 번째, 환경의 괴리에 의한 상처를 받는다. 이 환경의 괴리라는 것은 현재 겪고 있는 상황을 인식하는 것에서 생긴다. 즉, 가난한 상황에서 부유한 사람들을 쫓아가려 무모한 낭비를 시작할 때 오는 좌절감에서 비롯된다. 좋은 사치가 있고 나쁜 사치가 있다. 내가 말하는 것은 나쁜 사치이다.

나는 최저임금을 받는 사람이었다. 부유하다고 말할 수 없는 사람이었고 근근이 버티면서 작은 취미생활로 삶의 재미를 찾곤 했다. 그 취미생활이 '인터넷쇼핑'이었다. 쇼핑하는 순간 고민을 잊을 수 있었고 택배가 도착했을 때 뜯어보는 재미도 있었다. 택배를 기다리는 시간이 행복했다. 마치 신데렐라가 유리 구두를 받았던 상황 같았다. 다양한 물건을 소유함으로써 공허해지는 내면의 갈등을 풀었다. 그렇게 VIP가 되면서 카드빚도 VIP가 되었다.

신기한 것은 그 기쁜 순간이 지나고 나면 곧바로 다시 좌절감이나 죄책감을 느꼈다는 것이다. 잠시 느낀 행복감은 오래가지 못했다. 물을 아무리 부어도 채울 수 없는 깨진 항아리를 바라보는 신데렐라의 심정이었을 것이다.

신데렐라에게는 마법 같은 일들이 벌어진다. 나도 이 가난한 삶을 벗어날 마법 같은 로또 한 방이 필요했다. 그래서 로또를 구매하는 90%의 대부분은 부자가 아닌 월급쟁이라는 조사도 있다. 내게 주어진 월급이라는 환경과 '한 방에 부자' 사이의 괴리가 얼마나 심한가. 여기서 우리는 또 상처를 받는다. 이 상처를 치유하려 당장 하는 소비에 행복함을 느끼며 돈을 쓰는 것이다.

세 번째, 잘못된 생각으로 인해 받는 상처이다. 잘못된 생각에는 여러 가지가 포함된다. 오해, 질투, 용서 등의 감정들이 있다.

언니의 밭에서 일하려고 집을 나선 날이었다. 몇 차례 같은 일을 반복했고 나는 집을 나서기 전에 털이 많은 풍산개를 만지는 습관이 있었다. 그날도 개를 만지기 위해서 면장갑을 끼고 언니를 기다렸다. 언니는 이동하면서 내가 혼자만 장갑을 꼈단 사실에 대해서 의중을 묻지 않고 "왜 너만 끼고 있어?"라고 바로 오해를 했다. 그것은 순식간의 일이었다. 나는 바로 개 때문이라고 말했지만 오해하는 눈길은 거두지를 않았다.

아마 면장갑을 건네는 것이 배려의 시작이라는 언니의 생각과 몇 차례 함께 일했기 때문에 각자가 가지고 있을 것이라고 짐작한 나의 생각이 차이가 난 데서 빚어진 작은 오해였을 것이다. 이런 경우는 무수하게 많다. 오해들의 시작은 작은 물꼬였을 것이다. 하지만 상상할 수 없게 어마어마한 결과를 가져온다. 크게 싸우면서 서로에게 상처를 남기거나 관계의 끝이 되기도 한다.

이 외에도 상처받는 경우들은 많다. 상처를 받는 문제 상황을 객관적으로 살피기보다는 그 화살을 자신 안으로 돌리기 때문이다. 그렇게 자존감이 무너진다.

문제가 생기면 몸속 세포들이 문제가 생겼다고 스위치를 켜는 것과 같다. 그래서 적혈구를 쫓아내는 백혈구처럼 몸을 나쁘게 만드는 '부정적인 에너지'를 쫓아내기 위해서 좌절감이라는 감정의 신호를 보낸다. 이것을 대처하는 방식에 따라서 다음 문제에 대한 답을 찾는 시간을 단축할 수 있었다.

그래서 찾은 방식이 책을 읽는 것이었다. 주변의 좋은 사람들에게 배우고 싶었지만, 오히려 그들에게 상처를 받았다. 다른 방법을 고민해야 했다. 스스로 깨닫는 방법을 학습해야 했다. 그렇게 읽은 책들을 통해서 그동안 내가 외부 환경에서 원인을 찾아 헤맸다는 것을 깨달았다. 비로소 내면을 보살피면서 다독이고 독려하며 치유되었다.

잠재의식을 이용하면 그 모든 문제 상황에 대한 접근이 달라진다.

책에서 내면세계에 대해 많은 이해를 하게 되었다. 잠재의식을 이해하면 할수록 상황을 반전시킬 수 있는 능력이 생겼다. 스스로 훌훌 털고 일어나게 되었다.

잠재의식이라는 부분은 에너지가 있고 생명력이 있다. 그리고 전염성이 강하다. 특히 부정적인 에너지는 파급력이 크다. '내 인생 왜 이렇게 안 풀리지?'라고 생각할수록 머피의 법칙처럼 자꾸만 안 좋은 상황이 일어나고 의식하지 않았던 부분까지 보인다. 문득 눈에 띈 재킷에 묻은 먼지까지 도와주지 않는다고 한탄하는 상황으로 몰아가고 있을 수 있다.

말에 상처받지 않기 위해서는 그 말을 자신에게서 빨리 떨쳐내야 한다. 그 말을 쓰레기통에 바로 버려야 한다. 쓰레기는 쥐고 있을수록 썩는다. 태우든지 매립시켜버리든지 처리해야 한다. 대신 긍정적인 마음으로 다시 채워야 한다. 물론 하루아침에 되지는 않을 것이다. 그래서 매일, 아침마다 자신에게 외치는 것이다. 되고 싶은 마음을 듬뿍 담아서 마음속으로 입으로 외친다.

'나에게 시련이 찾아오는 분명한 이유가 있다.'
'나는 충분히 이겨낼 힘이 있다.'

자주 보고 눈에 띄는 곳에 붙여놓으니 효과가 있었다. 나는 핸드폰 배경화면으로 만들어서 매번 볼 때마다 마음속에 새겨넣는다. 거의 하루 50번 이상은 되새기는 셈이다.

조셉 머피가 말했다.

"머리로 사고하지 말고, 존재 전체로 자신의 본질을 느껴라. 바로 그 순간 잠재의식의 존재를 확신할 수 있을 것이다."

08

어느새 낙관주의자가 되었다

●

●

이제 모든 상황을 대할 때 두렵지 않을 것이다. 부정적인 감정을 재빠르게 긍정적으로 전환하는 긍정의 힘을 느껴보기로 하자. 우리 안의 두 자아가 싸움을 할 때 긍정적인 자아의 편에 서보자. 영화 〈인사이드아웃〉을 보면 두뇌 통제 상황실에서 순간마다 느끼는 감정에게 지시를 내린다. 주인공이 슬퍼함을 느낄 땐 '슬픔이'가 등장하는 식이다. 주로 그 사람의 성향이나 자주 등장하는 감정에 의해서 인생이 연출된다. 우리도 연출가로 어떤 감정을 앞으로 내세울지 생각해보자.

어느 날부터 나는 무기력과 싸우기 시작했다. 아무것도 하기 싫어지면서 몸도 놓고 정신도 놓을 지경까지 이르렀다. 그때 반대편에 있는 '긍정적인 자아'가 더 두고 볼 수 없는 상황임을 느끼고 극적 타결을 하기로 했다. 무기력한 나를 일으켜 세우는 방법을 모색했다.

그때 요가를 시작했다. 요가를 하면서 명상하는 기분으로 가볍게 수업을 나갔다. 기분을 전환하고 차분하게 다스리기에 적합했다. 수업을 준비하는 것은 '비우는 자세'였다. 만약에 마음이 붕 뜬 채로 임하거나 기분이 안 좋은 채로 요가를 하면 다치게 된다. 그래서 수업마다 강사분께서 항상 이렇게 말씀하셨다.

"모든 근심은 바깥에 두고 요가 하는 장소에 올 때는 웃으면서 오세요."

이상하게도 그 말에 편안함을 느꼈다. 그렇게 눈을 감고 다리를 찢고 반야사 요가를 수련하였다. 동시에 내 몸을 움직이는 깊숙한 곳까지 느꼈다. 내장이 움직이는 느낌도 느껴보고 땀이 방울 맺혀서 떨어지는 것까지 느껴졌다. 마무리는 항상 명상으로 끝났다. '사바아사나' 자세를 하면서 마음속의 모든 잡생각을 비우는 수련이었다. 평화로움을 느꼈다.

요가는 하루에 많은 영향을 미쳤다. 스트레스를 받는 하루였다면 몸이 굳어서 뻣뻣했다. 다리 찢기의 각도가 더 줄어들었다. 어제와 다른 몸 상태에 포기 또한 쉽게 생각 든다. 그러니 강사분이 말씀하신 요가 명언은 진실이었다.

내 안의 근심은 따로 떼어내어 바깥에 두어야 한다. 항상 마음의 문제다. 스트레스를 대할 때도 마찬가지다. 마음을 차분하게 다스리고 감정을 재빠르게 걷어낸다. 그럼 그 안에서 외치고 있는 목소리가 분명하다. 그 소리에 집중해야 스트레스를 풀 수 있다.

운동을 시작하면서 낙관주의자가 될 가능성이 열렸다.

낙관주의자는 낙천주의자와 비슷한 말이다. 네이버 지식백과에 이렇게 쓰여 있다. 비관이나 우울함, 불행, 이기주의, 외로움 등과는 반대되는 개념이지만 모든 것을 긍정만 하는 것과는 차별된다. 이는 어려운 환경이나 스트레스에 대해 적극적으로 대처하고 해결 방법을 찾아내는 사람을 지칭한다. 이는 '행동하는 긍정주의자'라고 할 수 있다.

인생에서 필요한 것은 어려움을 해결하는 방법을 깨우치는 것이 전부라고 할 수 있다. 그러면 인생을 어떤 방식으로 생각하면 될까? 적극적으로 해결 방법을 찾아내기 위해서는 체력을 길러야 한다. 건강한 정신은 건강한 몸이 기본이다. 운동은 필수이다.

스트레스에 취약한 것이 감정이다. 이것도 스스로 통제할 수 있다. 이렇게 상상해보자. 스트레스를 다루는 방문이 따로 있다. 열쇠 구멍은 스트레스 해결법이다. 그 문은 매번 열쇠로만 열 수 있다. 열쇠 구멍도 매번 바뀐다. 문을 열기 위해서 매번 열쇠 꾸러미 중에서 어떤 열쇠가 맞는지 시도해야 한다. 스트레스를 해결하는 방법이 각자마다, 상황마다 다른 이유다.

단순하게 접근하자. 운동하고 몸을 단련시키면 긍정적인 에너지가 솟아난다. 아드레날린 호르몬이 나와서 몸이 그렇게 된다. 상황에 빠져서 허우적거리지 말고 자신이 상황을 만들어보라.

나는 스피닝을 선택했다. 좀 더 땀을 내고 아드레날린을 느끼고 싶었다. 요가도 좋았지만, 좀처럼 집중이 안 됐다. 스피닝은 격동적인 움직임, 흥겨운 음악, 집단의 소속감을 느끼게 하는 운동이었다. 그렇게 만난 스피닝은 나를 2년간 운동에 푹 빠져들게 해주었다.

처음 쭈뼛대며 혼자서 동작을 따라가기 바빴지만, 점차 적극적으로 소리도 지르며 수업을 즐겼다. 그렇게 맨 앞자리에서 매일 '웃으면서 스피닝 타는 사람'으로 불렸다. 같이 수업을 듣던 회원들이 지나가면서 이야기를 했다. "아주 열심히 하시네요. 몸이 힘든데 거울로 웃는 모습을 보니 나도 모르게 따라 웃게 되네요." 처음 보던 회원이었다.

스피닝은 한 시간에 800kcal를 태우는 격한 운동이다. 운동복이 땀으로 흠뻑 젖을 정도이다. 의욕적으로 접근하기 시작하니 두 타임을 타도 괜찮은 체력이 되었다. 길을 걷다 수업 때 춤을 추던 노래가 나오면 스피닝 동작이 떠오를 정도로 푹 빠져 있었다. 운동이 나를 낙관주의자로 변화하게 해주었다.

운동하며 아드레날린이 솟아오르고 체력이 오르니 다른 모든 분야에서 의욕이 솟아올랐다. 땀을 흘리며 스트레스까지 날려버리는 50분 수업이 기다려졌다. 수업을 시작하면 무조건 마음속으로 외쳤다. '난 지금 아주 즐겁다. 재밌게 수업 즐기자.'

'긍정적인 자아'의 대승이었다. 몸의 근육처럼 마음의 근육도 키울 수 있다. 운동은 시작하기 전에 준비운동을 통해 몸을 다치는 일이 없도록 해야 한다. 몸에 열을 올리는 10분이 근육을 보호하는 것이다. 잠재의식에 낙관적인 자기 선언을 함으로써 앞으로의 인생을 보호한다.

준비되지 않은 결과물은 금방 타오르는 번개탄과 같다. 첫 불꽃은 화력이 커 보이겠지만 순식간에 사그라진다. 오랫동안 불씨가 꺼지지 않고 불을 지키려면 '낙관적인 자기 선언'을 계속해서 심어줘야 한다.

물론 준비되는 환경만 주어지는 것은 아니다. 그렇기에 언제나 마음을 준비해놓아야 한다. '나는 할 수 있다.'라는 확신을 지니고 계속해서 되뇌는 것이다. '나는 무엇이든지 할 수 있는 재능이 있는 사람이다.'라고 외쳐보자. 지금 이 글을 보는 순간 책을 잠깐 놓고 열 번은 외쳐보아라.

예상치 못한 순간에 뚫어갈 수 있는 지혜가 생겼을 것이다. 낙관적으로 바라보는 사고는 진리이다. 이순신 장군이 열세한 병력에 기가 죽어서 "12척의 배로는 할 수 없어."라고 말했다고 해보자. 우리의 역사는 바뀌었을 것이다. 12척의 배로 열 배 이상의 적을 무찌를 수 있다는 '낙관적인 자기 선언'이 명량대첩에서의 대승을 이룰 수 있는 것이다.

성공한 사람들의 공통점은 다음과 같은 말들을 항상 어떠한 경우에라도 생각한다. 그리고 밀어붙인다. 물러섬이란 없다. 위기에서도 낙관주의자들은 긍정의 메시지를 보낸다.

어떤 책에서 본 선언문이 있다. C. D. 라슨이 고안한 긍정적인 확신을 매일 연습해보자. 엄청난 결과를 부르는 이 말을 지금 바로 다시 열 번만 외쳐보자. 크게 자신 있게 말해라.

'나는 할 수 있어.'
'나는 무엇이든 해냈어.'
'나는 ○○(성공한 모습)이 되었어.'
'매일 나는 점점 지금의 나보다 더 나아진다.'
'나는 더 많은 것을 성취할 수 있다. 왜냐하면 할 수 있음을 알기 때문이다.'
'나는 내 안의 좋은 면만을 본다. 내 안의 착한 면만을 본다.'
'나는 과거 어느 때보다 역경의 위협에 단호하게 맞서 모든 것을 좋은 쪽으로 바꿀 것이다.'

'나는 자유와 진실을 줄 수 있는 것만 바란다. 이 땅과 이 땅에 사는 사람들에게 행복을 더할 수 있는 것만 원한다.'

'나는 항상 다른 사람에게 용기, 영감, 기쁨을 줄 수 있는 말만 한다.'

'나는 더 많은 사람에게 봉사할 것이다. 나의 가장 큰 소망은 내 주변의 모든 존재를 풍요롭고, 아름답게 만드는 것이다.'

3 장

책벌레들이 책에서
지혜를 얻는 방법

01

손이 가는 책부터 읽어라

●

●

새 학기가 시작되면 설레고 두근거린다. 모든 것이 새롭다. 환경도 낯설고 사람도 낯설다. 나는 1학년 1반이다. 여기에 내가 아는 사람은 아무도 없다. 마음속에서 갈등이 일고 불안하며 초조하다.

'말을 걸어볼까? 저 아이는 무표정하네…. 친절할까? 까칠하게 나오면 어쩌지?'

'먹을 것을 줘볼까? 내가 젤리를 좋아하니 쟤도 분명 좋아할 거야.'

머리에 지진 나도록 고민해본다. 그렇게 얻은 친구 한 명이 귀해서 하루 종일 방방 뛰며 좋아해본 적 있는가? 친구가 되고 싶은 사람이 생기면 '어떻게 접근할까?' 전략을 세워본 적이 있는가?

나의 전략은 그랬다. 일단 인사를 하면서 나를 눈에 들어오게 해야 한다. 그의 삶에 나를 조금씩 인지하여 익숙해지게 만들어야 한다. 젤리를 언제 줄지 타이밍을 고르는 것은 매번 숙제이다. 첫인상은 강렬해야 했다. 하지만 익숙함도 중요하다. 첫인상에 모든 것을 쏟아부어야 할 때와 가볍게 힘을 빼야 할 때를 조절할 줄 알아야 한다. 마음 뺏기의 기초는 '진정성'이다. 기술적인 접근은 뛰어나지 않으면 대부분 알아챈다. 정석이 정도다.

책도 마찬가지다. 책이 어렵다고만 생각하지 마라. 자신이 친구를 어려워하면 다가가기 더욱 어려워지는 법이다. 친구의 여러 모습을 관찰하다 보면 좋아지는 부분이 생긴다. 슬쩍 훑어봐서 좋을 수도 있고 두고 봐서 좋아질 수 있다. 대개는 외적으로 풍기는 이미지에 관심이 쏟아질 것이다. 그러면 자꾸 옆에 붙어 있고 싶어진다. 시간을 더욱 함께 보내고 싶다.

비슷하게 우리 곁에 항상 있는 물건이 하나 있다. 스마트폰이 없는 삶을 상상해본 적 있는가? 이제는 필수품이 되었다. 그러다 보니 이를 중심으로 여러 가지 제품도 많이 개발되고 끝없는 창조성이 흘러넘친다. 영화도 찍고 음악도 만들고 문서도 바로 작성한다. 1초면 지구 반대편 사람도 무엇을 하고 있는지 안다. 자신의 하루를 타인과 공유한다. 내 손안의 글로벌화이다. 그리고 스마트폰 자체의 시장성이 넓어졌다. 하나의 물건에서 상징이 되었다. 이것이 혁신이다.

나도 삶의 혁신을 준비하고 싶었다. 스펙이 내세울 만하다거나 특출하게 외모가 출중한 것도 아니다. 이 세상의 1%들의 벽은 높았다. 그래서 책을 읽었다. 책을 통해 쉽게 1%의 생각을 나의 삶에 접목해볼 수 있었다. 그렇게 책벌레들이 하는 방법을 따라 해봤다.

그 첫 번째가 '책에 애착 갖기'였다.

일단 책을 곁에 두어봐라. 한 권을 전부 읽지는 못하더라도 가지고 다니자. 언제나 쪼개진 시간이 있을 것이다. 쉬는 시간이든지 화장실, 지하철에서 오래 체류하든지 친구가 약속 시간에 지각하든지. 없다면 만들면 된다.

책으로 둘러싸인 환경을 만들자. 들고 다니는 가방에 소지하라. 잠자는 곳에 두고 사무실에 둬라. 각 장소에 다른 책을 두어라. 우리의 목적은 '책이 눈에 띄게 해주는 것'이다. 특히 머리맡에 한 권을 두고 아침, 저녁으로 잠들고 눈뜨면 읽어라.

어렸을 때 애착 물건이 하나씩 있었을 것이다. 나에게는 빨간색 벨크로(찍찍이) 단화가 그것이었다. 아무 옷에나 함께했다. 합기도 도장에 갈 때도 도복에 빨간 단화를 신었다. 머리맡에서 잠자고 내 일상을 이야기해주고 내일도 함께하는 상상을 하곤 했다. 처음에는 그렇게 예뻐 보이지 않았다. 하지만 시간이 지날수록 나의 발에 딱 맞는 착화감, 뾰족코의 멋스러움, 벨크로(찍찍이) 타입의 편안함이 다른 신발을 신는 모습은 상상할 수 없게 만들었다.

물론 발이 커져서 버리게 되었지만 지금도 생각나는 물건이다. 누구에게는 그것이 이불이 될 수도 눈알이 한 짝 뜯어진 인형일 수도 있다. 그래도 생각만 해도 기분이 좋아지는 것은 매한가지다.

그렇게 눈과 뇌를 속여라. 책을 애착하는 물건으로 착각하게 만들어라. 자꾸 보면 손이 가고 정든다. 애착이 형성되면 이제는 주변 환경을 구축해볼 준비가 되었다.

책벌레 중 유명한 사람이 빌 게이츠이다. 그는 책 읽는 습관을 들이기 위해 매일 정해놓은 시간을 지키는 걸 강조한다. 실제 자신 또한 자기 전에 매일 책 읽는 습관이 있다고 한다. 거의 매일 한 시간 조금 넘게 책을 본다고 한다. 어떤 습관을 들이기 위해서는 의지보다는 환경 설정이 더 강력한 힘을 발휘할 때가 있다.

독서 습관을 들이고 싶다면 '독서 루틴'을 만들어라.

방해받지 않는 공간과 시간이라면 어디든 상관없다. 처음은 반복 훈련이다. 어떤 행동이든 꾸준히 하기 위해서는 습관으로 만드는 게 중요하다. 독서 또한 마찬가지다. 책 읽는 습관을 들이는 건 처음에는 쉽지 않지만 조금씩 자신만의 행동 양식을 만들다 보면 습관으로 자리가 잡힌다.

　나의 독서 습관은 화장실이었다. 화장실에서 머무르는 시간이 길어지니 꼭 읽을거리가 필요했다. 그게 지금까지 짧은 시간 고도의 집중력을 발휘하는 습관이 되었다. 짧은 순간에 책 한 권을 전부 읽을 수는 없지만 짧은 단문 정도는 읽을 수 있다. 어떨 때는 잠깐 접한 소식이 재밌어서 더 머무르는 상황도 있었다. 치질이 걱정된다는 말은 하지 마라. 시간보다 장의 문제다. 각자 개인의 몸 상태를 확인하도록 하자.

　어느 날은 1시간 정도 책에 심취했었다. 언니가 내 걱정을 한 나머지 화장실 문을 벌컥 열면서 상황은 종료되었다. 그렇게 잡지나 뉴스 기사를 자주 접했다. 그런 습관이 되니 포털사이트에 들어가서도 뉴스 기사를 읽는 것이 전혀 어색하지 않게 되었다.

　자신만의 독서 루틴을 정하면 몸도 거기에 적응한다. 만약에 독서 루틴으로 조명을 이용한다고 하면, 조명의 밝기 정도에 몸이 익숙해질 것이다. 배경음악을 이용한다고 하면, 클래식이나 백색소음을 틀어놓고 책에 집중할 것이다.

　여기서 책이라고 하면 만화책은 제외하는 사람들도 있을 것이다. 다시 말하지만 지금 우리의 목적은 책과 친해지기이다. 만화책도 책이다. 좋은 콘텐츠를 쉽게 접하도록 각색한 것은 훌륭하다. 입문을 거치지 않은 전문가는 없다. 신입직원이 처음부터 경력직이 되는 것은 아니다. 하룻강아지도 언젠가는 범이 무섭다는 경험을 한다.

특히 책을 읽는 행위 자체에 거부감을 느끼는 사람들이 있다. 그런 사람들은 긴 글을 읽는 것에 거부감을 느낀다. 풀어서 설명해주는 것보다 요약본을 찾고, 글보다는 영상을 주로 선호한다.

그러나 상상의 힘은 언제나 '글'에서부터 시작된다. 활자가 주는 울림을 느껴보는 데 집중하라. 상상력의 한계가 없음을 느껴보자. 예를 들어 '시'에서 자주 사용하는 시적 표현은 영상으로 설명할 수 없을 때가 많다. '소리 없는 아우성'의 표현을 이미지로만 접했을 때 우리는 하나의 세상에 국한되고 말 것이다.

또한 "넌 참 발이 넓다."라는 표현도 그렇다. 우리나라에서 사용하는 관용적 표현법이다. 이 '발이 넓다'가 갖는 의미는 여러 가지다. 걸을 때 사용하는 발, 인맥이 넓다, 아는 사람이 많다는 뜻으로도 쓰일 수 있다. 이런 다양한 의미를 직관적으로 영상으로만 접한다면 어떨까?

어떤 하나의 문구를 좋아하면 그대로 살려고 노력한다. 좌우명이 된다. 삶이 뒤바뀌는 경험을 하는 사람들도 많다. 물론 그 좌우명이 경제적으로 부유해지거나, 갑자기 지위가 높아지게 하는 직접적인 연관은 없다. 그렇지만 그 문구가 도화선이 되어 삶에 폭발적으로 적용되는 때가 찾아올 것이다. 그때 문득 그 문구가 자신을 찾아왔다는 걸 느낄 것이다.

그래서 우리는 많은 '글'들을 접해야 한다. 적시 적소에 쏟아져나올 상상들을 골라서 사용할 수 있는 준비를 해두는 것이다.

소설, 산문집, 시, 전문서적, 만화책 등 어떤 종류의 책이든 괜찮다. 한 번 읽기 시작한 책은 꼬리에 꼬리를 물고 나타날 것이다.

빌 게이츠처럼 독서 루틴을 만들다 보면 멋진 꿈을 꾸는 저녁 시간이 될 것이다. 더불어 그 꿈이 이루어진 상상 속에서 즐거운 수면시간도 될 것이다. 흥미로운 책으로 읽어봐라.

02

작심삼일을 매일 시작하라

●

●

    포기하고 싶은 생각은 마음속에 쉽게 일렁이곤 한다. '하루에 운동을 30분은 하자.'라고 결심하고 난 뒤 하루도 못 가서 '내가 왜?'라고 손바닥 뒤집듯이 바꿔버린다. '아침 일찍 일어나야지.'라고 다짐을 해도 다음 날에 똑같은 시간에 일어난다. '새해에는 책 많이 읽어야지.'라고 해도 이미 샀던 책만 수십 권이다. 이게 다 의지만의 문제 같은가?

    우리는 일명 작심삼일 전문가이다. 작심삼일을 되풀이하는 방법은 아주 오랫동안 몸으로 습득했다. 누가 작심삼일 하라고 알려주는 것도 아니었다. 작심삼일을 하지 않는 방법은 없다. 차라리 이것을 활용하는 방법을 터득하자.

    예를 들어, '영어 회화를 매일 10분씩 하자!'라고 목표를 세웠다. 3일 정도 지나니 공부하기가 싫어진다. 그래서 하루는 쉬었다. 다음 날부터는 '영어 회화 공부하자.'라는 사실 자체를 잊었다. 그렇게 포기하게 되면서 '나는 실패했어.'라고 좌절한다. 그렇게 성과도 못 남긴 채 목표는 흐지부지 사라진다. 이 과정에서 실패에 대한 트라우마가 생긴 느낌까지 받는다. 영어 회화가 두려워진다.

이런 과정이 반복된다면 더욱 상황은 좋지 않다. 성공에서 점점 멀어지게 되고 '나는 실패했다.'라는 생각은 짙어진다. 잠재의식 속에 그 생각이 각인되는 것이다. 이 생각은 어느 때고 말과 행동으로 재채기처럼 튀어나온다.

제대로 목표에 대해 알아야 성공한다.

작심삼일도 시작하기 위한 준비가 필요하다. 목표는 달성할 수 있게 '작고 구체적으로' 정해야 한다. 성공하는 마무리가 중요하다. 책을 읽기로 마음먹었다면 이것을 이루기 위한 실천을 당장 해야 한다. 집을 살펴보자. 눈길이 가서 샀던 책 중에서 당장 읽고 싶은 책을 한 권 집어보자. 그것을 단숨에 다 읽을 욕심은 버리자. 현실적인 계획이 필요하다. 거창한 계획은 항상 실패하기 마련이다. 계단을 오르듯이 한 계단씩 올라가라. 한 번에 20계단을 오를 수 없다.

대개 '한 방에 처리하겠다.'라는 마음이 제일 위험하다. 자신의 신체 흐름을 무시하는 행동이다. 천천히 익숙해질 수 있도록 기운을 조금씩 조절하라. 한 방에 처리할 수도 없거니와 그렇게 하다가는 다음 날까지 쉬어야 하니 이틀의 시간을 버리게 되는 것이다. 금보다 귀한 것이 시간이다. 약한 의지만 믿고 내어줄 수는 없다. 그렇게 만들어라.

작심삼일을 반복해서 목표에 다다르기 위한 길목을 나눠보자.

즉, 독서가 습관이 될 수 있는 환경을 조성하는 것이다. 앞서 언급했듯이 즉시 실행할 수 있어야 한다. 스스로 그러한 행동을 '저절로' 취할 수밖에 없도록 만들어야 한다.

주변 환경을 다 바꿨지만 결국에는 독서를 실행하는 것에 실패했다. 그 사람들은 '시간'을 제대로 활용하지 못한 것이다. 시간도 목표를 세우고 달성해야 한다. 매일 30분씩 읽어봐라. 집중이 안 되도 읽어봐라. 알람을 설정하는 것도 방법이다. 페이지 수보다 시간을 집중해보자. 그리고 양을 늘려도 늦지 않다.

왜 성공한 사람들이 하나같이 독서광인지 생각해보라. 우리의 뇌는 평균 죽을 때까지 10% 정도만 쓴다고 한다. 이는 뇌를 어떻게 활용하느냐에 따라서 확장할 가능성이 크다는 이야기다. 한 번쯤은 뇌를 폭발적으로 사용한다는 느낌을 받은 적이 있을 것이다.

생각은 소나기 같다. 갑자기 들이닥친다. 그것도 아주 많은 양으로. 떠오르는 생각이 너무나 많아서 손이 따라가질 못하는 경우가 있다. '1시간만 해야지.' 하고 앉았다가 3시간이 흘러 있다는 사실을 문득 깨달을 때가 있다. 공부하든, 숙제하든, 책을 읽든, 취미생활을 하든, 영화를 보든, 일의 마감 시간이든지 어떤 것에 몰두하느라 시간 지나가는 줄 몰랐다면 이미 겪은 것이다.

그렇다면 이런 '뇌의 확장'을 한 경험이 1년에 한 번 있다고 가정하자. 이 경험의 순간에 뇌의 쓰임이 1% 정도는 확장되었을 것이다. 스프링처럼 잠깐 늘어났던 뇌를 그대로 방치를 하게 된다면 항상성을 유지하기 위해서 뇌는 확장된 크기를 줄일 것이다. 치아 교정을 하는 사람들이 치아가 제자리를 잡기 위해서 3년씩이나 교정기를 착용하고 있어야 하는 것처럼 물리적인 힘으로 잡아줘야 한다. 그게 우리에겐 '시간'이다.

누구에게나 동등하게 주어지는 것이 시간이다. 그래서 성공한 사람들은 24시간을 48시간처럼 사용하며 그들의 성공에 박차를 가한다. 나폴레옹도 전쟁터에서까지 손에서 책을 놓지 않았다고 한다. 독서를 하지 않는 이유로 "시간이 없다."라는 말을 많이 한다. 그러나 성공하는 사람들은 책을 읽으며 점점 더 성공의 계단을 올라간다.

그들은 시간을 헛되이 쓰지 않는다. 여가로 남는 시간을 활용하는 방법을 안다. 직장인이나 워킹맘, 워킹대디는 출근 시간보다 이른 새벽에 일어나서 혼자만의 시간을 확보할 수 있다. 퇴근하고 피곤해서 책을 읽을 시간이 없다는 말은 핑계다. 피곤해서 도저히 불가능하다면 체력을 기르는 일에 집중하면 된다. 시간의 가치를 어디에 두었던 것인지 생각해보자.

한때 아르바이트를 세 개씩 하면서 하루를 보낸 적이 있다. 아침에 수업을 듣고 저녁에 아르바이트 두 시간을 하고 주말에도 쉬지 않고 일하는 생활을 했다. 오히려 그때가 생활에 활력을 불러일으켰다. 더군다나 대학생으로서 과제나 시험도 준비했어야 했다. 이 시기에는 잠깐 버스에서 졸았던 쪽잠 10분이 피로를 풀어주었다. 내가 생각했던 것보다 나는 훨씬 더 많은 것을 할 수 있는 사람이었다.

반면에 비교적 시간이 많은 주말이 되면 잠자거나 영상을 하염없이 바라보는 데 시간을 낭비했던 경험이 많다. 피로를 푼다는 합리화를 하면서. 내가 시간의 가치를 깨닫기까지는 오래 걸렸다. 시간보다 돈을 더 중요하게 여겼다. 그러나 성공한 사람들에게는 시간이 더욱 소중한 재산이었다.

"인생은 짧다. 우리는 자신도 모르는 사이에 시간을 낭비함으로써 인생을 더욱더 짧게 살고 있다."

빅토르 위고가 말했다. 습관을 형성하기 위한 시간을 다루는 것에 능숙해지도록 하자. 쪼개보자. 목표를 작고 구체적으로 잡아라. 작은 습관이란 어느 상황에서든 만들 수 있다. 손으로 책을 들고 읽을 수 없다면 귀로 들으면 된다. 만약 시간을 다루는 일이 능숙해진다면 일 분 일 초까지 사용할 수 있을 것이다. 나는 눈이 피로해서 잠깐 두 눈을 감는 순간까지 사용한다. 선언을 떠올리거나 이루고 싶은 모습을 상상한다. 뇌는 조금씩 자신의 영역이 넓어지는 것을 허락할 것이다.

중요하지 않은 시간은 없다. 전부 중요하다. 나는 시험공부를 위하여 준비했던 1년은 그 시간이 아까워서 효율적으로 사용하려 했다. 운동하면서 체력을 길렀던 2년이 얼마나 소중한 시간이었는지 알고 있다.

가족들과의 친밀함이 이러한 시간 속에서 길러지기도 한다. 그러나 어떤 시간이든지 죽어가도록 낭비하면 안 된다. 가만히 잠만 자도 시간은 지나간다. 엎질러진 물과 시간은 붙잡을 수가 없다. 질적으로 구체적인 노력을 투자해야 한다.

그래서 이 작심삼일이 도움이 될 것이다. 작심삼일 프로젝트를 성취해 보아라. 자신은 운명의 개척자이다. 이 작심삼일 프로젝트를 통해 미래를 창조하고 있다는 성취감을 느끼자. 더 많은 것을 해낼 준비를 하게 될 것이다. 이 불씨는 '기회'를 가져다주기도 한다. 흥부 놀부의 제비처럼 박씨를 물어다 줄 것이다. 그저 운이 좋아서 찾아온 성공이 아니다.

기회는 박씨가 자라 박에 어떤 것이 있을지 알 수 없다. 하지만 우리가 박씨가 나올 박이 있는 나무들을 직접 선택할 수 있다. 특히나 잠을 자는 시간, 아침에 일어나서 처음 어떤 생각을 하는지가 중요하다. 한 가지의 행동을 집어넣어봐라. 하루가 달라질 것이다. 그 생각들은 책에서 힌트를 얻을 수 있다.

03

책을 읽는 순서에도 단계가 있다

●

●

바리스타의 하루 시작은 날씨를 체크하는 일부터 시작한다. 일기예보에 비 소식은 없는지, 해가 뜨는지 확인해보고 에스프레소를 내려주는 기계의 작동을 손본다. 그다음으로 원두의 상태를 체크한다. 언제 로스팅해서 볶은 원두인지 날짜를 체크한다. 원두끼리의 궁합을 맞춰서 커피 원액을 내려본다. 아기를 돌보듯이 세심하게 살펴본다.

책을 읽는 것도 마찬가지다. 하루, 일주일, 한 달 단위로 세심하게 컨디션을 살피면서 중, 단기 목표를 세워보면 더욱 잘 읽어진다.

그런 목표에 따라 단계별로 따라가자.

시작하는 단계에서 '관심사'에 맞는 책부터 읽기 시작하라. 그런 책들은 10페이지가 100페이지가 되고 단숨에 읽게 될 것이다. 자신의 관심사에 배경 지식을 넓혀라. 직장인이라면 자기계발, 인간관계, 화술, 경영책 등을 읽을 수 있겠다.

책에 관심이 없는 사람들은 대부분 긴 글을 읽기 힘들어한다. 앞부분을 조금 읽다가 영상으로 대체할 때가 많다. 영상 매체는 너무나 쉽게 주변에서 볼 수 있고 이용할 수 있다. 손가락만 있다면 어느 정보든 접할 수 있다. 그래서 더욱 위험하다.

상상과 생각은 밀접한 연관이 있다. 생각의 크기는 상상의 횟수와 비례한다. 많은 정보를 접하는 것도 중요하다. 그 정보들을 상상해보면서 창조성이 점차 커진다. 모방해보면서 상상할 수 있다. 모방은 창조의 어머니다. 개성은 닮은 듯하나 다른 것과 차별이 느껴진다. 가족들끼리도 닮은 부분과 자신의 분위기가 다른 부분이 있는 이유다. 이것이 '자신만의 가치'를 부여한다. 그것을 분위기라고도 한다. 자신의 개성과 강점을 발견하고 키우는 것도 상상함으로써 더욱 크게 할 수 있다.

나는 책을 읽으면서 나를 더욱 알아갈 수 있게 되었다. 패션을 좋아하고 이것저것 입어보고 사보는 것을 좋아했었다. 그래서 한때 『스타일』이라는 소설을 보면서 패션업계에 대해 상상해볼 수 있었다. 실제로 소설을 바탕으로 하는 드라마도 제작되었다.

이처럼 소설을 원작으로 제작되는 드라마는 많다. 역사서의 글만 보며 여러 차례 각색되는 〈장희빈〉 드라마는 몇 년씩마다 새로운 버전으로 방영됐다. 장희빈이라는 인물의 성격과 역사적인 시대 상황은 변함이 없다. 하지만 글을 본 주인공에 따라 각자의 상상대로 개성을 부여했다. 그게 매번 드라마를 보게 하는 재미였다. 장희빈 역을 맡은 배우의 모습, 행동 습관, 이미지가 받아들이는 대상에 따라서 변화를 주며 다른 느낌을 전달해주었다.

그래서 사람들의 행동 습관, 이미지, 표정을 보면서 어울리는 옷이나 눈치를 기를 수 있었다. 또 좋아하는 분야이다 보니 패션 잡지를 사들이며 감각을 익히는 훈련을 했다. 나는 우유부단한 성격이었다. 그러나 잡지에서 마음에 드는 페이지를 선택하는 것은 빨랐다. 그리고 매달 나오는 트렌드며 패션 용어도 꿰고 있었다. 외국 잡지까지 영역을 넓혀가면서 읽었다. 외국어에 대한 관심도도 높아졌다. 잡지를 보며 스크랩해서 파일에 모아두는 포트폴리오가 완성되었다. 이 포트폴리오를 만드는 습관이 되니 나중에 취업할 때도 요긴하게 사용하였다.

관심사에 따라서 책을 사들이고 접하는 횟수를 늘리다 보니 책에 대한 거부감이 없었다. 만화책, 소설책, 자기계발서, 철학책 등 전부 읽었다. 관심사는 단순한 시각 자료인 패션 잡지에서 사람들의 생각을 들여다보는 인문학으로 옮겨갔다.

관심사를 찾았다면 몰입해서 받아들여라.

아이돌이나 누군가의 팬이 되어본 사람들은 알 것이다. 팬의 입장이 되면 그 가수의 모든 것을 알고 싶어 하게 된다는 것을. 그 사람에 몰입하고 이해하고 싶어진다. 가수의 가족보다 더 많은 것을 아는 경지에 도달한다.

나는 그룹 GOD의 팬이었다. 그때 하늘색 풍선과 우비, 명함을 사려고 많은 돈을 투자했었다. 또 내가 사는 곳으로 공연을 오게 되면 한 달 전부터 준비하였다. 콘서트를 하는 두 시간 동안 풍선을 내내 흔들면서도 팔의 고통은 잊고 행복해하곤 했다. 앨범이 나올 때마다 카세트테이프를 사서 전곡의 가사를 외울 때까지 들었다. 텔레비전 프로그램에 나오는 모든 영상을 마스터했다.

GOD의 준 박사는 될 수 있었다. 멤버 한 명 한 명의 관심 분야, 취미, 특기, 좋아하는 것, 왜 데뷔를 했는지, 데뷔 날짜는 언제인지, 과거에 왜 굶주렸는지에 대한 에피소드들을 많이 보았다. 마치 옆에서 지켜본 것처럼 사연을 설명하고 있었다. 그게 학습하는 방법을 터득하는 요령이 되었다.

그러다 보니 이 그룹이 하는 생각에 동화되었다. 관대해졌다. 그들이 작은 실수를 해도 용서할 수 있는 이해의 폭이 넓어졌다. 가수와 팬이라는 인간관계를 거쳐 '공감 능력'을 높여주는 계기가 되었다.

상상하고 사고를 넓히자.

상상하다 보면 자신의 관심 분야를 탐구하고 싶은 욕망이 생길 것이다. 어느 것이든 고유한 것에 대한 소유욕은 누구에게나 있으니까. 이 신호 자체가 긍정적이다. 거기에 만족하지 말고 조금 더 발전적으로 되어보자. 바로 생각의 깊이, 즉, 사고를 확장하는 것이다. 사고가 늘어나야 고전, 인문학도 접근이 쉽다.

사고가 늘어나지 않은 상태에서 니체의 책을 도서관에서 빌린 적이 있다. 도무지 한 페이지도 진도가 나가지 않았다. 대출 기간인 2주 동안 전혀 손이 가지 않아서 그대로 반납했었다. 당시에는 인생에 대한 고민이 정리되지 않을 때라, 무작정 돌진만 해서 충돌사고가 났다. 겉멋만 잔뜩 들어서 안전벨트를 착용하지 않은 채로 시속 120km로 고속주행을 한 셈이다.

그러나 '사고를 늘려야지!'라고 생각한다고 바로 짠! 하고 늘어나는 것이 아니다. 바로 세심하게 자신을 관찰해야 한다. 지금 뇌가 원하고 있는 적절한 책을 머릿속에 넣어줘야 한다. 자신의 관심이 꽂혀 있는 것이 원하는 것이다. 관심 분야는 계속 변한다.

아는 지인 K는 책 읽는 것에 전혀 관심이 없었다. 그러다가 비가 오는 날에 문득 시를 쓰고 싶었다고 한다. 그렇게 K는 시인이 되었다. 시를 사랑하는 문학가가 되었다.

그리고 책을 고르는 요령이 있다. 아무 페이지나 펼쳐서 모르는 단어가 20가지 이상이거나, 이해되지 않는 문장이 5가지 이상 나온다면 덮어라. 쉬운 책부터 시작하라. 책은 읽을수록 이득이다. 이 방법으로 어휘력과 문해력이 향상되었는지 계속 체크를 해보시라. 그게 바로 '단계별 뇌의 세팅'이다.

사고의 폭을 넓히는 데는 역사에 대한 이해도 필요하다. 한 사람의 역사는 그 사람을 뒷받침하는 우주를 망라한 시대적인 역사가 묻어난다. 가정의 역사가 있고, 사회를 구성하는 역사가 있다. 광활한 우주에 대한 역사, 우리가 살아가는 현대에 대한 역사, 그 사람이 살아왔던 과거의 역사가 한데 뭉쳐져야 이해할 수 있다. 이것이 곧 인문학이고 고전이다.

'나는 무엇을 위해 성장해야 할까?'
'나는 누구인가?'
'왜 살아가는 걸까?'

과거부터 생각해왔던 인생을 관통하는 질문들이다. 책들에 명쾌한 해답이 쓰여 있었다. 지금 우리가 살아가는 시대에 일어났던 일들은 과거에 비슷한 형태로 이미 일어났다. 그래서 그 현상에 대한 조언을 통해서 슬기롭게 삶을 헤쳐갈 수 있을 것이다. 역사서에 쓰여 있는 경험들로 선조의 지혜를 미리 배우는 기회를 얻는다.

사람에 대한 역사는 이렇게 이해되면서 사고의 폭이 넓어진다. 역사를 접근할 때도 마찬가지로 접근하자. 단계별로 고민하고 해답을 찾아가는 방법을 깨우치는 것이다.

04

완독해야 한다는 고정 관념을 버려라

●

●

　일을 완성하는 방법은 두 가지로 나뉜다. 차례대로 처리하는 법과 꼼수를 이용하는 법이다. 어느 것이 맞는지는 알 수 없다. 항상 정답대로 살 수만은 없지 않겠는가.

　책을 꼭 완독해야 다 읽은 걸까? 관점을 바꿔보자. 인구의 85~90%는 오른손잡이라고 한다. 나머지 10~15%에는 왼손잡이, 양손잡이가 포함되어 있다. 모든 사람이 오른손만 쓴다고 하면 얼마나 정형화된 세상에 살고 있을까. 왼손잡이들이 틀린 걸까? 오른손잡이들은 알 수 없는 왼손잡이들의 세상을 상상해보자.

　왜 왼손잡이들의 창의성이 더 빛이 날까? 대표적인 창의성을 발휘한 왼손잡이인 미켈란젤로의 〈천지창조〉를 보면 당대 그 규모의 그림을 그리는 사람이 없었다고 한다. 그래서 고개가 떨어지도록 쳐다봐야 하는 천장에 그린 그림에 웅장함과 숭고함을 느낀 것이다. 레오나르도 다빈치, 라파엘도 왼손잡이다. 왼손잡이들은 '두뇌 편측성'을 사용하는 과정이 다르다고 한다. 뇌의 좌반구에 기인한 특성인 공간 및 시각 기술, 창의력, 창조하는 능력, 예술적 재능으로 더욱 자극을 받아 발전된다고 한다.

미술을 하는 왼손잡이는 주변에 한 명씩은 있다. 나의 친언니 또한 왼손잡이이다. 미대를 나오고 그림 그리는 것을 좋아한다. 그리고 어릴 때부터 오른손으로 글을 쓰는 방법을 훈련받았다. 왼손잡이로는 살기가 어렵다는 이유로 모든 왼손잡이에게는 특훈이 하나 더 주어지는 것이다. 고로 타의에 의해 양손잡이가 되었다. 그들은 뇌를 공평하게 좌측, 우측을 사용하며 발달시켰다. 왼손잡이들이 세상에 많은 영향력을 미칠 것 같지 않은가?

고정 관념이라는 한계를 고정해놓을 때 발전은 없어진다.

원칙을 마련하는 것은 꼭 필요하다. 하지만 그것에만 국한되어서는 안 된다. 고정 관념에 사로잡힌 세상에서 왼손잡이들에게는 얼마나 가혹한 인생이었을까. 아마 그 시련을 겪으면서 생활력도 길러졌을 것이다. 어릴 때부터 잠재의식에 한계를 그어놓는 일이 얼마나 많은가.

얼마 전에 겪은 일이다. 새로운 일을 시작하게 된 아는 지인 A는 자주

'내가 할 수 있을까?'라는 말을 했다. 나는 조금 의아했다. 맡은 일은 잘 해내는 사람이었기에 더욱 의문이 들었다. 이 말에는 '나는 할 수 없을 거야.'라는 생각이 바탕이 되어 있기 때문이다. 결국, 하던 일로 돌아갔다는 소식을 들었다.

과거의 무슨 경험이 자신에게 그런 한계를 지었는지 생각에 잠겼다. 곧 나는 어릴 때부터 들어왔던 어른들과 주변의 말에 영향을 많이 받았다는 것을 알아챘다. 대부분은 1만 번 이상은 들었을 말들이다. 집안의 환경에 따라서 횟수는 달라질 수 있다. 그러나 중요한 것은 이 고정 관념이 잠재의식에 영향을 끼친다는 사실이다. 그것은 생각이 자신의 행동에 그대로 드러난다는 말이다.

어렸을 때를 곰곰이 떠올려보라. 과거에 어떤 말들을 주로 듣고 자랐는지가 지금 우리가 가지고 있는 사고의 방식 대부분을 결정한다. 소설 『82년생 김지영』은 동시대의 남녀차별을 받았던 여성들에 관한 이야기다. 여성으로 태어났다는 이유로 공부를 할 수도 없고, 사회의 높은 지위를 얻을 수도 없었던 당시의 문화를 이야기한다. 그 이전부터 들어왔던 여성 차별적인 말들은 현재에도 있다. '여자는 집안일을 잘하면 돼.' 이 문제는 아직도 논란이다. 그렇지만 여성의 사회적 지위가 상당히 높아졌다. 고정 관념에 반해서 앞서 사회의 인식을 바꿔준 여성 선배들에게 고맙다.

완독을 해야 한다는 부담감은 오히려 독이 될 것이다.

현대 사회인들은 바쁘다. 책을 1페이지부터 끝까지 읽지 않아도 된다. 책 읽기가 과제로 다가가서는 바람직하지 않다. 한 줄이라도 꾸준히 매일 읽는 자체가 중요하다. 하루 30분이라도 읽는 습관을 들여봐라. 책은 정독, 속독, 핵심 독서, 목차 독서, 필사 독서 등 여러 방법이 있다. 방법 중 꼼수를 이용한 독서법 몇 가지를 소개하겠다. 이 중에서 자신에게 맞는 자신만의 방식을 취득해보라.

1. 핵심으로 관심사를 분류하기.

책의 핵심은 어디라고 생각하는가. 바로 목차이다. 목차와 소제목을 보면 책의 흐름을 파악할 수 있다. 자신이 관심 가질 만한 책인지 아닌지 판단할 수 있다. 실제 출판사에서도 원고의 목차를 보고 출간을 할지 말지 판단한다고 한다.

2. 한 작가의 책을 전부 섭렵하라.

작가별로 추구하고자 하는 메시지가 있다. 그것을 풀어내는 방식, 사례와 접근하는 형태가 다르게 책에 적혀 있다. 마음이 가는 작가가 있다면 그의 책을 전부 읽어봐라. 작가의 메시지를 이해할 것이다.

나는 소설을 주로 이렇게 접근한다. 기욤 뮈소의 책 『구해줘』를 읽으면서 사랑에 대해 생각을 키워가고 가슴 설레는 경험을 하게 되었다. 그의 소설은 사랑을 바탕으로 다양한 방법이나 의미를 둔다. 영화를 보듯이 속도감 있게 읽어나가면서 개성 있는 인물들이 등장하는 부분이 나를 사로잡았다. 많은 사람에게 사랑받은 작가이다.

3. 꼬리에 꼬리를 물고 읽기.

책을 한 권 내기까지는 도움 되는 책들이 있다. 부가설명이 필요하다면 주석을 달아놓겠지만 조금 더 자세한 설명은 소개하는 책을 읽어보길 바란다. 필요하다면 논문까지 찾아보는 열정을 쏟게 될 것이다. 또는 작가가 영감을 받은 책들을 추가로 읽는다면 어떤 메시지를 강조해서 글을 썼는지 정리가 될 것이다.

4. 소제목별로 읽기.

책의 한 소제목에는 보통 2~3페이지 분량으로 쓰여 있다. 하루 30분이면 충분히 읽을 수 있다. 스마트폰을 뒤적이는 시간만큼 2페이지에 쓸 수 있는 시간과 에너지는 분명히 있다. 필요한 부분이 있는 소제목별로 읽어서 정보를 얻어라. 그 소제목의 유용함으로 다른 소제목까지 읽을 호기심을 불러올 것이다. 그럴 때 직접 삶에 적용해볼 수 있다. 체화한 정보는 삶의 지혜가 된다. 완전한 자신의 것이 된다.

5. 장르별로 읽어보라.

소설을 좋아한다고 소설만 읽다 보면 지루해진다. 소설도 사실을 바탕으로 각색하였기 때문에 사실의 진위를 파악할 필요가 있다. 더욱 재미있게 읽힐 것이다.

창업을 시작하는 사람은 경영에 관한 책이 필수다. 그 시대에 추구하는 것을 바로 알 수 있고 직원 관리, 재무, 철학을 세우는 데 도움을 준다. 폐업으로 가는 것을 막을 수 있다. 준비를 철저하게 하도록 하자.

우리가 살아가고 있는 현재는 4차 산업의 시대이다. 3차 산업과 비교했을 때 차이점은 '컴퓨터 인터넷'에 '데이터'를 더한 것이라고 한다. 국가가 주목하고 있는 사업을 알고자 할 때도 자기계발서로 어떤 주제를 많이 출간하는지 주목해보면 쉽게 파악할 수 있다.

책에 대한 또 하나의 고정 관념을 버려라.

소중한 꿀단지 모시듯이 전시만 하지 마라. 일단 값을 지불했다면 마음에 드는 부분만큼은 바로 읽어야 한다. 귀한 것을 대하듯 한 글자씩 정성을 들여서 눈에 넣지 않아도 된다. 어차피 기억에 남는 내용은 많지 않다. 귀하게 여길 것은 당신의 존재 자체다. 책은 수단일 뿐이다. 읽으면서 자신을 가꾸는 준비 단계라고 생각해라.

읽지 않고 책을 사는 행위에 취미가 있는 사람들도 있다. 내 주변에도 그런 지인이 있다. 이유를 물으니 사는 순간 이미 책을 읽은 것처럼 마음이 풍성해진다고 한다. 책의 본질은 읽음으로써 나타난다. 모셔두지 말자.

일단 책을 많이 읽는다는 것은 다방면으로 효율적이다. 배경 지식이 많아질수록 풍요로운 삶의 기운을 북돋울 것이다. 책이 자신에게 가져올 것을 제대로 흡수할 준비를 해두어라. 나는 평생 책을 읽으며 나를 가꿀 것이다. 자신의 인생이라는 집을 지을 때 어떤 재료를 가지고 지을 텐가. 가장 값싼 재료로 지을 것인지 고급 재료로만 지을 것인지는 자신이 결정한다. 동화책 『아기 돼지 삼 형제』에서 튼튼한 벽돌로 집을 지어 살아남아 온 가족을 살린 막내 돼지를 생각해보자.

05

더럽게 읽어야 내 것이 된다

●

●

　자신의 상황에 맞게 책을 읽어라. 사서 읽어도 되고 형편이 안 된다면 도서관을 이용하면 된다. 조금 더 부지런하게 움직이면 읽을 수 있다.

　책을 샀지만, 자신과 맞지 않았다면 고심해보자. 어떤 이유로 그 책을 샀는가? 아마 표지나 제목을 보고 샀을 것이다. 제목 너머의 내용이 자신과 맞는지 살펴보면 실패 없는 책 선정이 될 것이다. 제일 활용하기 좋은 것은 직접 사는 것이다.

　책은 계속해서 쏟아져 나온다. 그러나 대부분은 구매하고 한 번 읽으면 많이 읽는 것이다. 두 번의 기회는 돌아오지 않는 경우가 많다. 트렌드도 매번 변한다. 대체할 수 있는 매체는 많지만 역시 아이디어는 책이 진리다.

말을 잘하는 사람들은 태어날 때부터 잘하지 않는다. 기본이 책 읽기다. 많은 책을 읽고 어휘를 터득한다. 그리고 표현법을 익힌다. 거기서 그치지 않는다. 그것을 '자신의 것'으로 만든다. 자연스러운 화법이 될 때까지 연습해본다.

오바마 전 미국 대통령은 연설대에서 대중을 휘어잡는 일에서 일인자였다. 그를 아는 사람은 연설로 설득당했다는 후문이 있다. 그 또한 독서를 하면서 생각을 정리했다고 한다.

여행을 가게 되면 어떤가. 남는 것은 사진이라고 약 만 장을 앨범에 채우지 않는가. 필름카메라를 사용하던 당시는 선 선택 후 촬영이었다. 한정된 필름이니 찰나의 장면을 담기 위해 애썼다. 그러나 이제는 디지털 시대로 바뀌었다. 선 촬영 후 선택이다. 즉, 일단 찍고 보자는 의미다.

사진을 만 장씩 찍는 것처럼 책도 일단 더럽게 읽어야 한다.

무엇을 남길 수 있는가? 그것은 한 문장일 수도, 책의 전체적인 느낌이 될 수도, 어떤 특정한 공감 사례일 수도 있다. 제야의 종소리와 같다. 고요하고 잔잔하던 그믐날 밤을 종소리가 채워가듯이 자신을 울릴 것이다. 어느 부분이 자신의 삶에 종소리를 울리게 할지 모르기에 다방면의 지식을 쌓아야 한다. 흩어져 있던 지식은 서로 연결고리가 되어 최종적인 '자신만의 가치'에 모여지고 있을 것이다.

변화되기 시작하는 순간은 실천할 때다. 아무리 많은 책을 읽어도 변화는 일어나지 않는다. 실천할 만한 문장을 발견했는가? 그럼 자신의 삶에 접목해보자. 어떻게 하면 좋을지의 아이디어는 읽는 즉시 떠오르는 것이 가장 최고다. 사례가 떠오르거나, 반성할 점, 무언가 시작하는 데 필요한 부분, 정리되는 지점이 있을 것이다.

바로 기록으로 남겨라. 책에 작성하라. 휘발되기 전에 하라. '날 것' 그대로의 생각을 담아내라. 손으로 볼펜을 잡고 밑줄 긋고, 메모하고, 촉각을 느껴보자. 처음에는 검은색 볼펜으로 읽고 두 번째 읽을 때는 빨간색으로 읽어봐라. 어쩌면 밑줄 부분이 다르기도 또 밑줄을 긋는 곳도 있는지 놀랄 것이다. 다시 읽을 문장이 많으면 한쪽 귀퉁이를 접어두기도 한다. 혹은 포스트잇을 붙여서 바로 이동할 수 있도록 한다.

책으로서 기능은 활용하고 읽히고 다시 생산해내는 데 있다. 그러니 조금 더럽게 읽을수록 책이나 자신에게 일석이조의 효과가 있다. 깨지기 쉬운 유리잔을 조심한다고 해서 그것이 안 깨지겠는가. '소심함'에는 발전이 없다. 과감하게 밑줄을 팍팍 그어라. 밑줄을 잘못 그었다고 자책도 하지 마라. 자신이 생각하고 느낀 것에는 이유가 있다.

밑줄을 긋는 당시 생각하는 것, 느끼는 것, 현재 처한 상황이 종합적으로 발현된 것이다. 당신이 필요로 해서 그 문장이 와닿은 것이다. 평소에 집중적으로 생각하던 것이다. 모든 상황에서도 그렇다.

지금까지의 아이디어들은 낙서에서 많이 나왔다. 그래피티도 처음에는 낙서로 인식됐다. 장난이 심한 젊은이들이 한때 한 행위에 국한됐다. 하지만 이제는 전 세계적으로 유명한 예술의 한 분야로 자리매김했다. 회의할 때도 수다를 떨거나, 놀이하듯이 낙서하고 놀 때 더 좋은 아이디어가 떠오른다. 우연이란 건 없다.

샌드위치가 만들어지는 과정이 그랬다. 영국의 샌드위치 백작이 카드놀이를 하다가 배가 고파졌다. 그런데 백작은 카드놀이를 좋아했다. 그래서 그만두지 않고 간편하게 먹을 방법을 고안했다. 빵 사이에 야채와 고기를 끼워서 먹게 되었다. 그 아이디어를 상품화해 팔며 대히트를 했다. 그의 이름을 따서 샌드위치로 부르게 되었다.

성장은 잔잔함에서 오지 않는다.

키가 크기 위해서는 성장통을 겪는다. 아기는 걸음마를 떼기 위해서 수만 번을 넘어진다. 파도가 없는 바다에는 생명이 살지 않는다. 이별을 겪지 않으면 사랑의 깊이를 모른다. 도전해야 발전한다. 시련은 또 다른 성공의 기회이다.

사람은 자극을 받아야 성장한다. 새로운 것은 도전하면서 배운다. 열정이 있다면 도전하려는 용기가 생긴다. 도전은 결과를 가져온다. 성공하거나 실패를 겪는다. 어쨌거나 자극을 준다. 자극을 통해서 새로운 관점이 생기면 발전한다.

마찬가지로 책을 읽을 때도 낙서를 하며 읽어보라. 즉, 메모하고 기록하라. 그것으로 자극을 받을 수 있다. 밑줄을 긋고 바로 옆에 왜 밑줄을 그었는지 떠오르는 생각을 적어봐라.

현대사회는 과거보다 변화가 잦다. 세상은 항상 변화한다. 느리면 도태된다는 생각이 있다. 속독만이 답이 아니다. 창업할 때도 철학을 갖추고 차별성을 철저하게 조사하고 전략을 짠 곳은 오랫동안 유지한다. 느린 것이 꼭 나쁜 것만은 아니다. 빠르게 가다 보면 실수를 저지르게 된다. 충분한 검토를 하고 느리게 생각할수록 빠르게 가는 길이다. 시간을 절약하고 싶다면 고요함에 익숙해져라. 고요함을 자신의 것으로 만들어라.

아는 것과 인지하는 것은 차이가 있다.
어떤 문장의 의미를 완전하게 받아들이고 이해하면 그것이 자신의 것이 된다. 인지란 그것이다. 통찰의 경지에 오르면 비슷한 상황에 대해서 명쾌하게 이해할 수 있다. 한 문장으로 설명할 수 있다. 자신만의 언어로 표현하는 것이 가능하다. 단어 하나로도 꿰뚫을 수 있는 핵심만 짚을 것이다.
문장을 분석하면서 읽어봐라. 그런 비판적 사고에 익숙해져라. 삶을 바라보는 습관이 될 것이다. 중요한 것이다. 기록하는 것은 시대를 관통하는 것이다. 기록하지 않으면 역사는 전해지지 않는다. 조선 시대 기록관도 대단히 중요한 역할을 하였다. 5 · 18광주민주화운동 같은 사건도 알려지지 않았을 것이다. "기록하지 않은 역사는 반복된다."라는 말도 있다.

　인생을 변화하고 싶다면 기록을 삶에 녹여내라.

　주변 환경을 조성하는 것은 좋은 방법이다. 자신이 이끌어가고자 하는 인생에 맞춰라. 감정의 생각이 많아지면 그 감정에서 헤어나와야 한다. 즉, 환기를 시켜서 다른 것에 몰두해야 한다. 청소하는 것도 괜찮다. 청소하면서 몸과 마음이 정리되는 이치와 같다. 그리고 변화하고자 하는 모습의 사람들을 만나라. 에너지는 전염성이 있다. 부정적인 감정으로 가득할 때 사람을 만나서 풀지 마라. 오히려 자신의 마음만 더 불편해질 수 있다. 불안한 감정일수록 실수를 할 가능성이 크다.

　더럽게 읽는 것은 사고를 확장하는 한 계단이다. 손으로 직접 메모하고 밑줄 그은 문장들이 나를 더욱 성장하게 한다. 생각하는 방법을 몰라서 오랫동안 방황하며 아파하고 자존감을 떨어뜨리던 시간을 위로할 수 있었다. 나를 둘러싼 주변 세계를 이끌고 갈 수 있도록 사고를 확장하게 해주었다. 그리고 나와 같은 감정을 경험하는 사람들도 책을 통해서 삶을 든든하게 지켜주는 힘을 길렀으면 한다.

　조급해하던 마음을 내려두고 느린 것에 익숙해져라. '기록'을 씹고 뜯고 맛봐라. 우리에게 주어진 시간이 소중한 만큼 느리고 본질을 꿰뚫는 깊이가 생길 것이다.

06

뒤돌아도 기억나게 하는 법

●

●

자주 기억이 나지 않을 때가 있다. 무엇인가를 가지러 방으로 들어서는 순간 그 '무엇'이 기억이 나지 않아 한참을 서성인 경험이 있다. 당신이 기억력이 나빠서 그런 것이 아니다. 누구나 그런 경험은 있다.

주로 집중하고 있지 않은 상황에서 나타난다. 극복이 가능하고 방법만 연습하면 된다. 가령 가위를 가지러 가겠다는 말을 입으로 되뇌며 간다면 뇌는 잊어도 입은 기억하게 훈련하는 방법이 있다. 반복적인 연습을 통해서 극복할 수 있다.

책도 온몸에게 읽는 연습을 시켜야 한다.

"뒤돌면 잊어버리니 읽으나 마나다."

책 읽기의 고충으로 이렇게 말한다. 눈으로만 읽다 보면 금방 잊게 되어 있다. 가장 쉬운 방법이다. 게임을 하는 것과 똑같은 단기 자극만 주고 끝날 것이다. 그런 과정의 반복은 책 읽기에서 흥미가 없어지고 멀어지게 만든다.

만약에 책은 많이 읽어도 크게 발전하지 않고 정체되어 있다고 느낀적이 있다면 독서법을 바꿔보기를 바란다. '인풋' 독서에서 한 단계 나아가보자.

일반적으로 읽기만 할 때의 평균 기억률은 10% 정도이다. 망각 곡선이론에 의하면 책 300페이지를 읽고 10장의 내용만 기억에 남길 수 있다는 것이다. 이 또한 하루가 지나면 절반가량이 사라진다. 중간에 기억을 되돌리는 시도가 없다면 30일 후에는 모든 정보가 소실된다고 한다.

프로는 자신이 즐길 수 있는 분야에서 탄생한다. 게임 속 등장인물의 서사를 전부 파악하거나, 전략을 파헤치거나 한다. 이를 위해 밤새워 캐릭터를 키우는 노력을 기울인다. 온몸으로 게임을 했기 때문에 가능하다. 게임을 대하듯이 온몸으로 즐겨보자. 『논어』에 이런 말이 나온다. "알기만 하는 사람은 좋아하는 사람만 못하고, 좋아하는 사람은 즐기는 사람보다 못하다."

책 내용을 기억에 남기는 방법은 여러 가지다.

요약, 암송, 강의, 발표, 토론 등 여러 가지 중에서 고차원의 방법은 '아웃풋'이다. 머릿속에만 남기지 말고 꺼내라. 공부를 잘하는 방법도 마찬가지다. 손으로 요약, 정리할 때 한 번 더 정리된다. 자주 반복해라. 평생의 습관으로 자리 잡을 것이다.

나는 개그 동영상으로 스트레스를 푸는 습관이 있었다. 〈개그콘서트〉가 방영될 때, 재미있는 코너에서 실컷 웃고 나면 그대로 따라 해보고 싶은 생각이 들었다. 대사까지 기억해놓았다가 다음 날 친구들과 이야기를 나누기도 했다. 그때 대사를 꼼꼼하게 기억하기 위해서 머릿속으로 시연하고 입으로 중얼거리면서 기억에 남기는 습관을 형성했다.

그 습관이 책을 읽으면서도 쓰였다. 감명 깊게 읽은 부분이 생기면 만나는 누군가와 반드시 대화를 나누었다. 최근에 『고수의 질문법』을 읽고 '어떤 질문이 삶에 영향을 미칠까?'에 빠져 있었다.

당시 만난 친구와 이야기를 하던 도중 '질문'에 관한 이야기를 꺼냈다. 마침 친구는 직장생활을 하며 자신의 현재 위치에 대한 고민이 많았다. 그때 이 책이 떠올랐다. 그래서 후배들에게 적용해보면 어떻겠냐고 추천했다. 그녀는 책을 읽으면서 그들과 관계가 조금 개선이 되었다. 그 대화를 통해서 서로가 진취적인 관계가 되자며 우정을 다지는 계기가 되었다.

뼈 속까지 기억나게 하는 방법이 있다.

확실하게 확인하는 방법은 가르치는 것이다. 단순하게 읽기만 한다면 정보를 습득하는 방법은 메타인지를 떨어뜨려 '자신이 다 안다.'라고 생각하게 만든다. 알고 있다고 착각하고 있다면 막상 설명할 때 입안에서 맴돌기만 할 것이다. 그래서 남을 가르치는 입장이 되어 설명하는 것은 다시 한 번 철저하게 점검하고 내용을 정리하면서 반복하는 효과가 있다. 책을 10권 보고 20권 보는 것보다 효과가 크다. 그 속에서 깨우친 바를 '자신의 언어'로 재해석하여 설명할 수 있다는 것이 제대로 남는 것이다. 다른 사람을 이해시킬 수 있게 설명할 정도가 되면 제대로 기억에 남길 수 있다. 공부하는 학생보다 과외 선생님이 더 많이 배운다는 말이 딱 맞다.

벼락치기는 하루살이 공부와 매한가지다. 공기 중으로 날아가버릴 공부가 어떻게 우리 삶의 중요한 역할을 할 수 있겠는가. 성장을 위한 공부를 해봐라. 앞으로 이루어졌을 모습에 대해 공부를 하자. 자신의 것으로 만든 문장은 평생 내 것이다. 비대면 시대에 가장 필요한 기술이 디지털화이다. 화상회의가 당연해지고 그것이 필수가 될 것이다. 그래서 앞으로의 시대는 개인이 일하고 자신만의 가치에 주목할 것이다.

워런 버핏은 성공하는 비결로 이렇게 말했다.

"성공하고 싶다면 공부하라. 그건 평생 뺏기지 않는다."

자신만의 가치로 브랜딩하는 것이 중요하다.

배운 것을 '자신의 언어'로 필터링하자. '나는 성장한다.'라는 막연한 다짐으로는 하루살이 다짐일 뿐이다. 성장도 작은 성공들이 집약되었을 때 이룰 수 있다. 배움을 즐겁게 느낄 수 있도록 하자. 자신에게 보상도 줘라.

사람 공부도 마찬가지다. 구체적이고 작은 경험들이 쌓여야 한다. 가치들을 켜켜이 쌓아서 몸을 불려야 한다. 하얀이란 인물을 하루 만나서 이야기를 나누고 헤어졌다. 이 모든 질문에 답을 해보자. 그 사람의 성별은? 좋아하는 것은? 성격은? 과거 인생사는 무엇인가? 앞으로 살아갈 방향은? 만남에 느낀 점은? 가치관은? 인생관은? 행복해하는 순간은?

한 번 만나서 하얀이에 대해 모든 것을 대답할 수는 없다. 시간을 들여 행동 패턴을 관찰해야 한다. 질문을 던져 생각이나 가치관을 알 수 있다. 퍼즐을 맞출 때와 같다. 대상이 하는 생각들의 퍼즐을 맞춰라. 정교하게 조각내는 것이 경험하는 것이다. 정확하게 파악할 수 있다. 퍼즐 조각들이 엄청나게 많더라도 집중력과 시간을 쏟는다면 완성된다. 양옆의 조각은 존재한다. 이는 '정교화 조각내기'이다. 우리는 이러한 과정을 모든 것에 대입해볼 수 있다.

자신만이 가지고 있는 강점이나 개성을 찾아라. 그것의 가치를 드러내는 방법을 연구하라. 브랜딩은 그렇게 차별성을 갖출 것이다. 일단 경험들을 기록하고 이상형 월드컵 하듯이 제외해라. 자신이 좋아하고 추구하는 가치만 세 가지 정도로 추려라.

그 외 방법들도 기억력을 이끌어내는 것에 활용할 법하다.

요약, 토론도 좋은 방법이다. 단체에서 책 모임을 진행하면서 일주일에 1회 독서 토론을 했다. 그때 저번 주에 읽었던 내용에 대해 요약을 하며 경험하거나 깨달은 점에 관해 대화를 나누고 시작했다. 책은 육아법에 관한 것이었다. 서로의 어린 시절에 충격적인 사건을 공유하고 그다음 주부터는 한 달가량 그 사례와 접목해 과거를 되돌아보았다. 그 과정에서 서로 오해였던 부분, 불만인 점을 토로하는 아름다운 자리가 되었다. 그리고 반년간의 화젯거리였다.

키워드로 작성하며 연상해보자. 강력한 느낌을 요약하는 습관을 기를 수 있다. 당신의 사업에서도 잘 활용할 수 있다. 특이한 세부사항을 간단한 메모로 남겨라.

이는 명함을 주고받을 때 자주 사용하는 방법이다. 그 사람의 특징, 기억에 남는 것, 기억해야 할 것 등을 한 단어로 작성해두면 상대방이 당신을 다르게 볼 것이다. 꼼꼼하게 일하는 사람이라는 인상을 주어 미팅이 원활하게 흘러갈 수도 있다.

여기서 더욱 섬세한 사람은 그 사람과의 만남에서 배려할 부분까지 메모할 것이다. 만남에서 물을 한잔 꼭 마시고 이야기를 한다고 우연히 들었다면 놓치지 않는다. 나중에 미리 물을 준비해두는 센스를 발휘해보자.

그는 기억에 남을 뿐 아니라 두고두고 꼬리가 되어 이야기될 것이다. 뒤돌아도 기억에 남는 '자신만의 가치'를 만들어라.

07

책벌레들의 독서법을 따라 해보자

●

●

2018년 12월 24일 〈타임스(Times)〉의 '세계 최고의 책벌레 나라'라는 제목으로 된 기사를 봤다. 아이슬란드는 전 국민이 책벌레라고 한다. 인구 약 34만 명의 50%가 1년에 최소 8권을 읽는다. 수도 레이캬비크의 시립도서관에서 한 해 대여되는 책은 120만 권이다. 1권 이상 출간한 작가가 전체 인구 10명 중 1명꼴이다.

독서 토론 프로그램이 TV 황금시간대에 편성되고, 2010년에는 아이슬란드 경제 위기 원인을 분석한 의회 특별조사위원회 보고서가 출간됐는데 2,000쪽이 넘는 방대한 분량임에도 순식간에 팔리며 베스트셀러가 됐다.

그들이 책벌레가 된 이유는 눈이 많이 내리고 어두컴컴한 날이 많은 기후 탓이 크다. 독서를 하며 보내는 시간이 많아졌고 이것이 국민 기질로 발전한 것이다. 그래서 아이슬란드는 스토리텔링의 나라이다.

2019년 8월 31일 중앙일보에 실린 자칭 아이슬란드 전문가인 강은경 작가의 인터뷰 기사를 보면 그들의 인생 철학에 대해 알 수 있다.

그녀는 행복지수가 높은 10개 나라 방문기인 뉴욕타임스 기자 에릭 와이너의 『행복의 지도』에서 이런 대목을 보았다고 말했다.

"아이슬란드에서는 실패가 성공이라는 메인 코스를 위한 애피타이저가 아니라 실패 자체가 메인 코스다."

그 뒤 아이슬란드를 여행하며 대략 세 가지로 아이슬란드인들이 실패에 초연할 수 있는 배경을 정리했다. 쫄딱 망해도 먹고사는 데 문제가 없는 잘 짜인 복지 시스템, 하룻밤 새 없던 산이 생길 정도로 왕성한 활화산 등 자연환경(예측과 대비를 하는 것이 불가능한 곳에서는 현재에 집중하게 된다), 높은 독서 열기 등이 그 배경이다.

그들이 행복할 수 있었던 이유가 '합리적인 실패 철학'이지 않았을까. 우리는 실패에 대해 다시 생각해봐야 한다. 수없이 실패를 경험하는 인생의 상황에 대해 상상해보자. 살을 뺄 것을 결심하면서 매번 실패하는 경험은 얼마나 많은가. 자신의 외모에 대해 실패라고 판단해서 성형 중

독에 빠진다는 기사가 많다. 또, 한 번의 실패로 잘못된 판단을 하는 사람들의 기사가 많다.

자기 가치관에 스스로 갇힌 것만큼 위험한 것은 없다. 세상은 잔잔하지 않다는 걸 매번 실감한다. 그런 면에서 우리나라는 실패를 대하는 방식에 대한 새로운 고찰이 필요하다. 우리는 살아가면서 의문과 고뇌를 접하게 되면 우선 절망과 좌절에 빠지거나 당황한다.

그것에 대한 세심한 조언이나 방법, 방향을 아무도 알려주지 않는다. 각개전투다. 고독한 싸움이다. 오로지 혼자가 되었다는 배신감까지 겪는다. 가끔은 '이럴 때 도움을 줄 수 있는 사람이 있다면 좋을 텐데…' 이런 생각들이 날 때도 있다.

그런 허망한 상상은 자신을 더욱 갉아먹는다. 합리적이지 않다. 언제 찾아올지 모르고 100%의 해답을 알려줄 수 있는 혜안을 갖는다는 보장도 없다. 차라리 책을 읽어라. 무엇이 문제인지 알고 해결법도 발견할 수 있다. '어른들 말 틀린 거 하나 없더라.'라고 말하듯이 자신과 비슷한 경험을 했던 사람들이 실패를 이겨낸 노하우를 배울 수 있다.

든든한 버팀목이 될 것이다. 이 사실 하나만으로도 실패를 극복할 수 있는 무기가 생긴다. '나만 그런 것은 아니구나. 이 사람도 같은 생각을 했구나.'라고 위로를 받을 것이다.

또한 자신이 지닌 가치관의 세계가 넓어진다.

고립된 연못은 썩기 마련이다. 그렇지 않으려면 새로운 물을 공급해야 한다. 언어를 학습할 때도 어휘량이 늘어나면 어느 순간 적절한 표현을 할 수 있게 된다. 자신의 삶을 객관적으로 직시할 수 있는 잣대가 될 것이다. 새로운 물이 들어오면 활기가 넘친다는 사실을 안다. 인생은 혼자 서는 살 수 없다. 시대의 중심은 20~30세대로 옮겨진다. 차라리 새로운 것에 적응하면 쉽다. 조화를 이루는 멋진 중년이 되도록 노력해보자.

퇴계 이황과 율곡 이이의 나이 차는 35살이었다. 이황은 이이의 아버지 이원수와 동갑이었다. 그런데, 둘은 서로의 학파에 대한 대립의식을 주고받는 편지를 이황이 숨을 거둔 해까지 이어갔다. 퇴계 이황이 비판에 대처하는 자세에서 현명함을 배울 수 있다. 삼강오륜의 유교적 도덕사상이 짙었던 당시 시대 상황을 살펴봤을 때 의식이 깨어 있는 그를 본받고 싶다.

받아들이면 사고가 더욱 확장된다. 삶에 필요한 인내심을 길러준다. 인내심만 있다면 살인도 면할 수 있다. 3초만 기다리면 새로운 생각들이 솟아오를 수 있다. 타인과의 관계에 가장 필요한 덕목이다. 책을 읽으면 도움이 된다. 집중력이 길러진다. 10분이고 1시간이고 읽는 습관이 도움이 될 것이다.

그렇다면 책벌레들이 가지고 있는 특징을 통해서 어떻게 살아야 할지 한번 생각해볼 수 있다. 『일독 일행 독서법』에서는 책벌레들의 특징을 다음과 같이 정리했다.

1. 긍정적이고 표정이 밝다.

2. 과거에 집착하지 않고 미래지향적이다.

3. 생각에만 빠져 있지 않고 실천적이다.

4. 이해심이 넓고 타인을 배려할 줄 알며 상대방 의견에 귀 기울일 줄 안다.

5. 협동심이 강하며 봉사와 나눔에 관심이 많다.

6. 남을 험담하는 일에 시간과 에너지를 쏟지 않는다.

7. 조급함으로 일을 망치지 않고 순리적으로 일을 해결한다.

8. 시간을, 삶을 낭비하지 않는다.

9. 자신만의 삶을 만들어나가기 위해 노력한다.

10. 새로운 것에 도전하길 좋아하며 항상 변하려고 노력한다.

크게 세 가지로 압축해보면 공감 능력, 자존감 향상, 희망이라고 볼 수 있다. 스티브 잡스도 독서로 자기 자신과의 시간을 많이 가지면서 기술을 발전시킬 수 있었다.

독서를 많이 하는 것과 동시에 들어온 지식을 계속 기억에 남고 자신의 것으로 남기기 위해서는 밖으로 배출을 해야 한다. 생체기관은 밥을 먹고 소화하는 과정을 통해 배출한다. 배출하지 않으면 몸에 병이 든다.

배출하는 방법으로 책 읽은 이후 대화를 나누고 의견을 공유해보라.

독서로 키운 교양은 누구를 만나도 대화를 나눌 수 있다. 언택트 시대가 되면서 온라인으로 개인과 개인 간의 관계가 중요해졌다. 자신을 타인에게 어필하는 것이 필수가 되었다. 처음 만나는 사람과의 어색한 자리에서도 한 시간 동안 대화할 수 있는 화젯거리가 상시 대기다. 도입부로 한 문장을 언급하는 것도 좋은 자기소개법이다.

글로벌 리더로 미국 정치와 기업을 이끄는 인물들을 많이 배출하는 미국 아이비리그 명문 다트머스대학. 이 학교에서 강조하는 것은 '책 읽는 교양인이 되어라.'이다. 전공 외에도 다양한 분야를 공부함으로 글로벌 리더로 성장시키기 위함이다.

책벌레들 대다수는 세계 1%를 이끌고 있다. 그들은 책 속에서 아이디어를 얻고 그것을 각 분야에서 녹여낸다. 전 세계를 관통하는 핵심 가치를 배운다. 사랑, 베풂, 강인함, 도전, 열정과 같은 단어들이 그것이다. 누구나 그들에게 공통점으로 갖는 '독서법'을 따라 배운다면 우리도 그들처럼 될 수 있다.

08

독서의 시각화 : 서평하기

●

●

 독서는 공간을 채우는 요소이다. 글쓰기는 공간의 식품을 먹을 수 있도록 요리를 하는 요소이다. 공간을 가득 채운 식료품은 생으로 먹지 않는다. 소화를 잘하지 못한다. 그렇기에 독서를 하면서 차오르는 감정, 깨달음, 공감 사례, 지식의 체계화, 정교화 과정을 거쳐서 가공하였을 때 더욱 확실하게 알 수 있다.

 독서와 천재성은 밀접한 연관이 있다고 한다. 천재들은 어떻게 천재가 될 수 있었을까. 그들이 하는 독서법에 대한 관찰 다큐를 보았다.

 KBS 다큐 〈세계를 이끄는 1%, 천재의 독서법〉 편에 출연한 사유리 야노는 3대 음악대학인 피바디 음악원에 다니는 14세 영재 소녀이다. 그녀의 IQ는 200이라고 한다. 책을 많이 읽으면서 지식의 구조와 기술을 배울 수 있었다고 한다.

그녀의 오빠 쇼 야노 또한 20살에 의대 졸업반인 천재이다. 책을 읽으며 상상력을 키우고 연습을 했다. 그렇다면 사유리의 엄마는 어떤 교육법으로 키웠을까. 그녀는 그다지 많은 것을 하지 않고, 책을 읽는 모습을 많이 보게 해주었더니 아이들이 따라 읽기 시작했다고 한다. 또한, 도서관을 서재처럼 사용하면서 책을 읽고 그에 관련된 주제로 대화를 했다. 전 세계의 지식이 있는 책을 가까이하는 것이 특별한 교육법이었다. 천재성도 갈고 닦아야 계발이 되는 것이다.

천재성이 나타나는 인원은 소수이다. 태어나면서부터 천재성을 가진 사람은 더욱 소수이다. 영재 소녀 사유리도 아이큐가 높다고 거만하게 굴지 않고 계속해서 책을 읽었다. 책을 읽다 보니 글의 구조와 문맥 파악이 저절로 되었다고 한다. 그래서 14세가 되기 전에 논문을 작성할 수 있었다. 그녀가 책을 읽는 동안 논문 주제에 대해 기본 지식이 차올랐고 그것이 논문을 쓰는 과정을 통해 정리되고 반복적인 재학습이 된 것이다.

말을 잘하고 싶다면 글로 먼저 한 장을 작성해봐라. 말에 구조와 문맥, 기술 등을 담아내는 것은 어려운 일이다. 글쓰기를 하면 머리가 정리되어 체계적으로 말을 할 수 있게 된다. 책을 자주 접하면 구조 파악이 쉽다.

일을 하면서 제일 많이 들었던 생각이다. 기획 보고서 작성 능력이 뛰어난 사람들 곁에는 책이 있었다. 짬이 나면 책을 읽었다. 말 한마디를 해도 깊이가 느껴졌다. 상대방을 배려하는 말주변, 타인의 눈높이에 맞는 어휘, 현재를 넘어 미래를 그려볼 수 있는 통찰력 있는 질문. 비록 말이 유창하지 않더라도 그 속에 담긴 생각은 얕지 않았다.

직장생활은 실전이다. 잘못하면 용서해주고 깨달을 때까지 기다려주는 부모님은 존재하지 않는다. 바로 낙오다. 해고되든 왕따를 당하든 승진에서 밀리든지 결과가 즉각적으로 나온다. 그런 이유로 깊이 있고 비판적인 사고를 길러야 한다는 것이다.

말은 자신의 생각을 드러내는 장치이다.

생각하는 모든 방면을 알 수 있다. 말끝에 독이 있고 말버릇에 행동이 있다. 매력적으로 사람을 끌어당기는 사람은 분명 다른 행동을 한다. 자신이 변화, 발전되기를 바란다. 그래서 꾸준하게 책을 읽고 자신의 의식을 넓힌다. 좌절이나 낙담에 빠지지 않는다. 문제 자체를 단순하게 생각한다. '왜 그런지?' 현상 그 자체에 집중하고 비판한다.

세계는 상위 소수 1%에 의해 움직인다. 그 소수가 세계를 이끄는 방법을 안다면 누구나 부의 추월차선을 탈 수 있다. 그들은 세상의 법칙을 파악했다. 그리고 자신도 정확하게 파악했다. 이 둘을 연결할 부분을 연구한다. 강점을 개척해가고 키워간다. 인생은 오래달리기다. 오래달리기를 하는 출발선은 같아도 각자의 기량에 따라 도착하는 시간이 다르다. 폐활량, 자신을 채찍질하거나 당근을 주는 방법, 포기하고 싶은 마음을 이끌어가는 정신력, 천근만근이 된 다리를 끌고 가려는 끈기 등.

이 소수들은 우리가 생각만 하고 실천으로 옮기지 못한 것을 해낸다. 그들은 끊임없이 자신의 분야를 연구하고 분석하고 실천한다. 절대 미루지 않는다. 긍정적인 시선으로 포기하고 싶은 마음을 얼굴도 내밀지 못하게 만든다.

지금은 전국에 유명한 'O삭 토스트'가 있다. 토스트 분야에서 경쟁자와 다른 부분으로 지금의 위치에 올랐다. 처음에는 편한 복장으로 일하며 쉽게 접근했다가 실패하였다. 다음에 또 같은 업종으로 시작한다고 했을 때는 주위 사람들이 "미쳤다"고 했다고 한다. 그러나 그에 굴하지 않고 자신의 실패 원인을 철저하게 분석했다. 그렇게 최초로 유니폼을 갖춰 입어 깨끗한 이미지를 선보였다. 위생을 위한 셀프 돈통도 만들었다. 이런 차별성은 성공의 포인트가 되었다.

기록을 하면 자신에게 가져오는 혜택은 엄청나다.

『뇌를 움직이는 메모』를 보면 "손이 뇌를 움직인다."라고 한다. 뇌의 활동에 지속적인 자극을 주고 활성화한다. 치매 예방에도 효과가 뛰어나다. 또한, 비판적인 사고를 할 수 있다.

자기의 생각을 글로 작성하면 객관적으로 보게 된다. 감정의 늪에서 빠져나올 수 있다. '내가 왜 이런 글을 썼지?'라며 필터링할 수 있다. 비판적인 사고를 함으로써 사기, 거짓, 위선 등에서 자신을 보호하는 울타리가 되어준다.

집중력을 길러준다. 성인이 집중할 수 있는 최적의 시간이 25분이라고 한다. 매일 독서를 하고 기록하는 습관을 기른다면 집중의 시간이 점점 늘어날 것이다. 성공한 사람들은 하루 1시간씩 꼬박 책을 읽는다. 나는 집중력을 올리는 방법으로 시작한 것이 필사 독서였다.

필사하면서 눈으로는 책을 읽고 손으로는 한 글자씩 머릿속에 새기는 작업이었다. 한 권의 책을 읽는 시간은 느리더라도 깊숙하게 내용의 의미를 파악할 수 있었다. 스마트폰이나 다른 것에 시야를 빼앗기지 않으니 집중력, 상상력 또한 향상되었다. 그래서 꼼꼼하게 읽고 싶은 책은 필사를 꼭 한다.

최근에는 『행복하다고 외쳐라』를 필사하면서 감정을 통제할 수 있었다. 이 책으로 행복이 갖는 진정한 의미에 대해서 생각하게 됐다. 행복하지 않았던 마음의 이유를 깨달았다. 책에서 주된 말은 이랬다.

"우주에는 진동의 법칙이 있다. 자신이 내뿜는 주파수가 맞닿는 모든 것이 끌어당겨진다. 즉, '행복하다.'라고 느낀 감정을 말로 표현하면 할수록 실제로 행복하게 된다는 것이다. 당신이 사랑하는 사람에게는 그 마음을 표현해주고 알려주고 싶을 것이다. 진정성을 보여주고, 말을 골라서 하게 되고, 사랑의 감정을 담아서 표현한다. 그렇게 행복을 상상하고 이미 행복한 상태로 말을 하라. '아 이렇게 하니 행복하다.'라고 구체적으로 외쳐라. 그리고 기록하라."

필사는 온몸으로 하는 독서이다. 모든 감각을 곤두세워서 하니 습득의 효과도 배가 된다. 서평을 하는 것에 두려움이 생긴다면 필사를 먼저 해보기를 권한다.

서평이란 책에 대한 평가를 본인의 생각에서 분석해보는 것이다. 생물시간 개구리 해부 실험처럼 조각내어 부분을 살펴보고 관찰하여 무엇인지 알아가는 과정이다. 서평을 통해서 작가를 알고, 자기 자신을 알아가는 시간이 될 수 있다. 해부해보고 질문에 질문을 더해가면 완벽하게 자신의 밑바닥에 숨겨 있던 생각까지 들여다볼 수 있게 된다.

『국가론』에서 플라톤과 소크라테스는 국가에 관해 이야기를 나눈다. 둘의 입장에 차이가 있다. 소크라테스는 계속해서 질문한다. 자신의 답을 하지 않는다. 질문을 통해서 플라톤이 답을 알아가도록 한다.

마치 자신이 소크라테스가 된 것처럼 '자신과의 대화'를 하자. 합리화나 불만, 불평, 나약함은 던져버리고 끊임없이 질문해라. 자신이 인정할 수 있을 때까지. 다만 자신만의 세계에 빠지지 않기 위해서 객관적으로 바라볼 장치를 마련하라. 그게 기록하는 습관이다.

기록하는 것에 쉽게 접근해보자. 책의 내용과 특징을 소개하도록 써보자. 누군가에게 이 책의 특성에 대해서 추천해준다고 생각하면서 작성해보라. 등장인물이나 책의 줄거리, 작가에 관해 소개하는 동안 정리가 자동으로 된다. 결국, 이들을 한마디로 정의할 정도까지 될 것이다. 책의 여백에 읽고 느낀 생각을 메모하면 더욱 기억해내기 쉬울 것이다.

삶을 변화하고 싶다면 행동을 하거나, 서평이나 기록을 하라. 간절하게 바뀌기를 원한다면 생활에 기록을 참여시켜봐라. 작은 기록부터 시작하라. 30자의 한 문장으로 작성하라. 처음 한 문장을 작성하는 시간이 오래 걸릴 수 있다. 지속하다 보면 1,000자로 불어나고 곧 2,000자가 된다.

바다에 띄워진 배를 타고 헤매다가 만난 등대처럼 반가울 것이다. 그 등대를 향하여 힘껏 노를 저어라. 생명줄이 된 등대를 위해 꾸준하게 노를 저어라. 기록하게 되면 남는다. 다시 떠오르지 않았을 생각들을 남긴다. 기록은 평생을 행복하게 해줄 자산이 된다.

4 장

삶의 무기가 되는
독서 습관

01

깨달은 문장은 노트에 적어두라

•

•

자신이 생각하는 것은 행동이 된다. 어떤 것을 생각하는지가 신체, 생활에까지 영향을 미친다. 비관주의, 낙담, 자기멸시에 빠져 있을 때는 주변의 자존감을 무너뜨리는 조언들이 나의 세계에 지대한 영향을 미쳤다. 그러다 『성공으로 가는 생각 법칙』을 읽고 내 삶에 대해 깨달음을 얻었다.

얼마 전 유튜브에서 김창옥 강사의 TV 프로그램 〈어쩌다 어른〉을 보았다. 여성의 언어 습관에 대한 이야기를 나누고 있었다. 여성들의 '소통의 핵심'은 공감이라고 하며 이렇게 표현하라고 했다.

"너 딱 좋아. 지금까지 고생했어. 실수하면 뭐 어때. 지금 딱 좋아. 지금처럼만 하면 돼."

그 순간 게스트 장도연이 눈물을 흘렸다.

"지금, 이 시점에 저한테 꼭 필요한 말을 들었어요. 전 남들에게 착한 사람으로 보이고 싶었어요. 그래서 안 괜찮아도 괜찮다고 말하고 다녔더라고요."

이 짧은 영상에서 공감을 얻었다.

'남들에게 피해주진 않을까. 나만 조금 참으면 되지. 그러면 남들이 인정해줄 거야.'

남들의 시선에만 가득한 생각 속에 살던 과거의 모습이 떠올라서 안타까웠다. 막연하게 나를 인정해줄 누군가가 어딘가에서 나타날 것이라고 굳게 믿었다. 그를 맞이하기 위해서 '다른 사람에게 인정받는 방법'만 강구를 하고 있었다. 그러다 보니 점점 나를 잃어가고 있었다.

어떤 깨달음을 주는 문장을 만났다.
실패가 거듭되고 마음이 충족되지 않는 생활이었다. 이 깨달음은 나의 전체 삶을 흔들었다. 큰 울림을 주게 되었다. 그런 문장들은 평생 가는 친구와 같다. 힘이 들 때 들여다보면 마음을 다잡아줄 수 있다. 노트에 작성해봐라. 쌓여가는 문장만큼 자신의 성장을 느끼게 해줄 것이다.

"지금 우리가 사용하는 모든 것, 가지고 있는 모든 것은 비전, 즉 정신적 계획에서부터 시작되었다. 꿈과 목표를 정하고 현실화시키는 힘은 환경이나 외적인 조건이 아니라 내 안에 있다."

기적은 기다리는 게 아니라 발견하는 것이다. 곧 그것은 '나 자신'이다. 자신이 중심이 되어야 한다. 생각대로 살아야 실패를 해도 교훈을 얻는다. 그것을 다른 사람에게 양도해버리는 어리석은 행동을 하지 마라. 지금 당장 행동을 바꿔라. 그러면 반드시 바뀐다.

인생을 긍정적으로 바라봐라. 자존감은 자신에게 강한 확신이 있다면 높일 수 있다. 스티브 잡스, 일론 머스크 등 성공한 사람들에게 있는 공통점이 바로 '높은 자존감'이다. 그들의 꿈을 희망, 낙관으로 가득 채웠다. "결국은 해낼 것이다."라고 생각했다.

타인의 시선에만 집중하다가 자신으로 옮겨가는 방법은 간단하다. 바로 실천에 옮기는 것이 가능하다. 실천해보면 단단한 자신이 느껴질 것이다. 단단한 사람들은 긍정적으로 세상을 대한다. 실패의 순간에도 홀

훌 털어버린다. 인생을 단순하게 바라본다.

변화하기 위해서 매일 나 자신에게 되뇌었다. 일어나면 제일 먼저 보이는 천장에 프린트해서 붙여놓고 봤다.

'난 할 수 있어. 나도 성공할 수 있어. 반드시 이룰 거야.'

이 꿈을 향한 희망찬 확언과 낙관주의가 생겼다. 부정적인 생각이 들어도 바로 긍정적인 부분을 끄집어내 볼 수 있게 되었다. 자기 자립 선언을 한 지 1년이 안 되어 나를 바꿔놓았다.

책에서 어떤 문장을 만난다는 것은 인생을 바꿔놓는 계기를 마련해준다.

각자의 상황에 따라서 다르다. 인생을 바꿔놓을지 말지는 자기 자신이 제일 잘 알 것이다. 혹은 좌우명을 갖고 있다면 그 좌우명에 따른 문장들이 눈에 더욱 들어올 것이다. 그러면 좌우명에 대한 확신이 강해진다. 자주 보고 계속 생각하면 현실이 되어 나타날 것이다.

당신의 좌우명은 무엇인가? 나는 '심플 이즈 베스트'가 좌우명이다. 만일 없다면 좌우명을 하나 만들어라. 독서를 하다 보면 앞으로 무슨 상황이 펼쳐질지는 모른다. 나처럼 흘러가는 대로 살고 있었다면 지금 바로 하나 만들어라.

많은 사람에게 찬사를 받는 인격은 '부'가 기준이 아니다. 다른 사람을 돕고자 하는 진실한 마음이리라 생각한다. 많은 돈과 명성을 얻어도 행복하지는 않다. 2005년 우리나라에서 알아주는 대기업인 삼성 이건희 회장의 셋째 딸이 자살했다. 잊을 만하면 유명한 연예인들이 우울증 등으로 자살했다는 소식이 들려온다.

우울과 절망, 걱정, 불안, 두려움은 찰거머리와 같다. 그 생각을 하면 할수록 객관적인 현실을 보는 시야가 흐려진다. 그런 자신의 모습이 당연하다고 잘못된 확신을 해버린다. 그것은 평생 발목을 붙잡는다. 밝은 미래는 상상하지도 못하게 만들 것이다.

당장 부정적인 생각을 버려라. 조금도 생각하지 않으려고 노력해라. 틈을 주지 말고 희망적인 미래에 대해 상상하라. 이런 선언을 하라는 문장을 보았다.

"나는 이따위 생각이나 할 사람이 아니야. 나는 이것보다 원대하고 고상한 것을 추구해야 해."

지금까지 자신의 삶을 갉아먹은 것이면 충분하다. 새로운 희망과 낙관의 생각들로 가득 채워라. 실패하면서도 이겨낼 수 있다는 자신감이 강하게 들 것이다. 울면서 자책하지 않고 실수를 통해서 교훈을 얻는다. '앞으로 하지 말아야 할 것'으로, 신념으로 받아들인다.

깨달음은 꿈을 만든다.

성공하고 싶어졌다. 빚에서 벗어나고 싶었다. 1인 가구로 부모님으로부터 경제적으로 자립하여 부모님의 빚도 시원하게 갚아드리고 싶었다. 하지만 성공하는 방법을 몰랐다. 열심히 노력하였지만, 빚의 굴레에서 벗어나지를 못했다. 그 상태가 몇 년 동안 계속되다 보니 성공도 미뤄졌다. '욜로'나 '소확행'이라는 명분을 붙여 현재를 낭비하는 삶이 더 편했다.

그리고 책에서 제대로 성공하는 방법이 있다는 것을 발견했다. 아르바이트를 세 개씩 해도 결국은 부질없는 행동이었다. 무지한 나에게는 독이 되었다. 기초공사가 부실한 건물을 지은 것이었다.

『성공으로 가는 생각법칙』에서 본 성공한 사람들은 이런 공통점이 있다. 그들이 성공한 비결은 꿈을 갖는 것이다. 꿈이 없으면 미래를 향해 갈 수 없다. 막연하게 '나는 성공할 거야.'라는 것은 현실을 바꿀 수 없다. 노력해 꿈을 뒷받침해야 한다. 헛된 꿈으로 남기지 않도록 노력해야 한다. 과학적이고 체계적으로 철저하게 노력하라. 어떻게 노력할 것인가. 전부 쏟아부어라. 마음속 깊이 꿈을 유지하라. 단, 실제적이고 과학적인 노력을 끈질기게 기울여야 한다.

구체적인 이유에 대해서 파악하라. '나는 왜 성공을 해야 하는가?' 명확하게 판단해야 한다. 누가 물어보면 바로 대답할 수 있을 만큼 새겨놓아야 한다. 그것을 목표로 하라. 육하원칙에 따라서 목표를 가시화하면서 생각하라.

선언한 내용을 자신이 보이는 곳곳에서 확인할 수 있도록 하자. 성공하여 그 생활을 즐기고 있는 자신의 모습을 상상하자. 눈을 감으면 그 장소에 성공한 모습으로 다녀온 자신을 생각하라. 행동까지 더하여 영상으로 상상에 힘을 투여하라. 옷, 외모, 태도, 말, 행동까지 가난한 흔적을 지워버려라.

자신에 대해 확신하게 된다면 마음까지도 풍요롭고 여유로워질 것이다. 다른 이에게 사랑을 나누는 행복을 느껴라. 가진 것을 나누고 열린 마음으로 생각하고 행동하라. 당위성이 아니라 기쁜 마음으로 진정성을 더하여 나누면 자신은 더욱 행복으로 가득할 것이다. 우주는 이런 행동에 힘을 붙여 성공과 행복을 가져올 것이다.

성공한 사람들은 생각으로 시작하고 일궈냈다는 것을 명심하자. 나눔은 삶을 더욱 풍요롭고 여유롭게 한다. 그렇게 사는 성공자의 모습으로 살고자 한다. 나의 도움이 필요한 사람에게 손을 내밀 것이다. 〈정두리독서코칭연구소〉에서 그런 일을 하고 있다.

02

목차를 읽으며 전체 내용을 먼저 파악해보라

●

●

책을 펼친 뒤 10페이지를 넘기지 못하고 덮는 후배가 있었다.

"왜 더 안 읽고?"
"표지가 예뻐서 샀는데. 내용이 생각한 거랑 좀 다르네요."

많은 사람이 이런 안타까운 선택을 하곤 한다. 어떤 책을 읽는지가 자신이 하는 생각과 인생에까지 영향을 미친다는 사실은 누구나 알 것이다. 빌 게이츠도 읽을 책을 신중하게 고심해서 고른다고 한다.

자신의 소중한 사람에게 선물한다는 마음으로 책을 고르기 바란다.

책을 고르는 가장 중요한 사항은 '목차 들여다보기'이다.

책의 얼굴이 표지라면 생각은 목차에 담겨 있다. 후배와 같이 첫인상에서 매력적인 느낌을 받더라도 목차를 훑어보았으면 '아…, 나와 생각이 다르구나.' 하고 느끼고 구매하지 않았을 수도 있다.

목차 들여다보기가 중요한 이유는 전체 흐름을 파악할 수 있기 때문이다. 맥락이 흘러가는 흐름을 보면 작가가 어떤 내용을 말하고자 하는지 판단할 수 있다. 거기다가 읽어보고 싶은 소제목을 발견하면 읽어봐라. 그리고 작가의 문체가 끌린다면 구매해서 읽으면 된다.

인생과 비슷하다. 전체의 흐름을 볼 줄 알아야 똑똑하게 살아갈 수 있다. 독립적인 개체이지만 우리는 사회에 속한다. 대한민국이라는 나라에 속하고 전 세계에 속한다. 그리고 나아가 우주에 속한다. 발전된 사고의 확장을 키우게 되면 자신이 추구해야 할 가치나 가야 할 길을 더욱 명확하게 볼 수 있다.

공부해야 하는 이유가 여기에 있다. 대부분 자존감이 없는 경우에는 순서가 반대로 흘러간다. 그래서 의문이나 의심, 반문이 많다. 내가 그랬다.

미국 드라마나 팝송이 TV에 많이 반영되었다. 공부는 하기 싫어서 미적거리고 책상 정리부터 시작했다. 그래도 방영 시간이 되면 미드는 제시간에 챙겨서 봤다. 미국 문화를 파악하기 위해서 많은 자료를 공부했다. 그리고 미국과의 관계에 영향을 받은 대한민국을 알게 되었다. 독립 이후 분단이 된 시기까지의 역사를 공부했다. 자세하게 알아갈수록 내가 살아가고 있는 세계에 대해서 의문이 들었다.

'그럼 나는 왜 이런 생각을 하게 되는 걸까?'
'어떤 행동을 취하면서 살아가면 좋을까?'
'나는 이곳에서 어떤 사람인가?'

질문이 끊이지 않았다. 무엇보다 '나를 찾는' 과정이 가장 어려웠다. 원인이 불분명했다. 그래서 어쩌면 저 후배가 골랐던 책처럼 전체를 파악하는 목차 쓰기가 안 되었기 때문이라는 결론을 내렸다.

공부를 하는 똑똑한 방법으로 학습 목표를 읽는 것을 추천한다.
계속해서 그 단원을 공부할 때 소제목을 생각하고 공부하라. 소제목이 뜻하는 바를 찾아봐라. 그리고 장 제목이 뜻하는 의도를 설명할 수 있도록 공부해봐라.

내가 책을 쓰면서도 가장 많이 하는 작업이다. 글쓰기를 하다가 어려울 때 소제목을 생각하면서 글을 쓰라고 조언을 들었다. 확실히 이전보다 속도가 붙고 글의 흐름이 느껴졌다.

그러다가 '맥락 있게 말하는 기술'에도 적용된다는 깨달음을 얻었다. 우리는 대화하다 종종 "그래서 무슨 이야기를 했더라?" 하고 상대방에게 역으로 질문을 할 때가 있다. 의식의 흐름대로 이야기해서 그렇다. 주제의 전환이 전을 뒤집듯이 획획 뒤집는다. 대화가 끝나고 나면 이야기의 핵심이 무엇이었는지 기억이 나지 않을 때도 있다.

논리적이고 핵심만 말을 하고 싶다면 전체 구조를 미리 생각해두어야 한다. 자신이 좋아하는 분야를 연습해봐라. 예술, 철학, 과학, 자기계발, 경제 등 다방면의 생각을 해둔다면 교양 있는 현대인이 될 수 있을 것이다. 특히 분야별로 자신이 마음에 들어 하는 작가를 찾아보자. 다른 사람들이 당신과 더 대화하고 싶어 할 것이다. 그것이 당신의 자산이자 자존감을 키우는 든든한 파이프가 된다.

KBS1 〈인간극장〉 프로그램에 출연했던 한 가족이 생각났다. 전국을 자동차로 여행하면서 아이들에게 자연, 가족, 추억의 소중함을 몸소 겪어보게 하는 편이었다. 우여곡절을 겪으면서 몇 년을 여행하는 가족에게 PD가 물었다.

"돈도 고민이시겠어요. 어떻게 충당하시나요?"
"그렇죠. 저 혼자가 아니니 그만큼 돈이 필요하죠. 특히 아플 때는 병원을 꼭 가야 하니까요. 저는 프로그래밍을 작업하고 수입을 받아요."

그 과정을 보여주는 장면을 보고 나는 충격을 받았다. 그야말로 놀라웠다.

'이런 직업도 있구나! 나도 저렇게 살고 싶다.'

언젠가는 꼭 저 가족처럼 살겠다고 다짐했다. 자유롭게 여행하면서 돈도 버는 삶을 꿈꿨다. 그것이 디지털 노마드로 가는 첫 두드림이 되었다.

코로나19 시대가 오면서 디지털 노마드로 사는 1인 창업가들이 많아졌다. 그들은 노트북과 시간만 있다면 장소를 가리지 않고 돌아다니며 일한다. 예전에는 IT나 전문 직종으로 기술을 가진 사람들이 유리했었다. 이제는 누구나 도전할 수 있는 분야가 되었다. 콘텐츠만 있다면 가능하다. 게다가 좋아하는 일을 하면서 여행도 마음껏 다닐 수 있다.

나도 작가이자 1인 창업가로 시작을 하였다. 누구보다 간절하게 소망했다. 직장인으로 다니면서 자존감이 바닥을 쳤다. 저 아래까지 땅굴을 파고 내려가는 경험을 하였다. 다른 누구도 아닌 '나 자신'을 찾지 못해서였다. 주변 사람들의 스쳐 지나가는 말들이 상처가 되었다. 주눅이 들어 있는 나에게 '직장생활만이 답은 아니구나.'를 알게 된 계기가 되었다.

'나 자신'을 찾는 데 올인하였다. 점점 나 자신을 자세하게 알아갈수록 나만 알고 있기에 아까웠다. 도움을 주고 싶어졌다. 정말 오랫동안 시행착오를 겪었던 나의 안타까운 사연을 보고 다른 사람은 빠르게 깨우쳤으면 좋겠다는 바람이 생겼다. 자신을 알아가는 과정은 정확한 원칙이 있었다.

전체적인 흐름을 파악하는 것이 '나 자신'을 찾는 맥락이다.

책을 읽으면 구조를 파악하는 능력이 생긴다. 현재 시대의 흐름을 파악하고 판단할 수 있게 된다. 자신의 인생을 목차로 작성해보면 스스로를 파악하는 방법이 될 수 있다. 목차를 작성하다 보면 나머지를 채우는 것은 어렵지 않다.

우리의 생각은 몸에 나타난다. 얼굴, 말, 행동으로 나타난다. 밝고 유쾌한 생각만 하는 사람은 미소가 만면에 있다. 주위 사람까지 긍정 기운을 받아 항상 그 사람을 찾게 된다. 에너지가 넘치는 활기찬 사람을 옆에 두면 없던 열정까지 끌어올릴 수 있다.

무엇인가 시작하려는 분들은 기운을 받는 사람만 만나야 한다. 누구를 만나는지에 따라서 인생이 바뀔 수 있다. 신중하게 판단하라. 연애도 고심해서 하라. 사람이 주는 영향이나 가치관이 그대로 나에게 흡수된다. 항상 명심하라. 그리고 자신이 그런 긍정적인 에너지를 줄 수 있는 사람이 되도록 하자. 그러니 긍정적인 것들만 생각하고 바라봐라.

자신감 있는 태도를 갖추자. 겸손하지만 무한한 사랑을 줄 수 있고 받을 수 있는 마음가짐을 갖게 되면 주변에 전염될 것이다. 조선 시대 양반들은 절대 달리지 않았다. 늦더라도 천천히 걸어서 갔다. 보이는 자신의 모습이 곧 나라는 의식이 밑바탕에 있었다. 자신감 있게 행동을 하면 긍정적인 자기암시는 저절로 갖게 된다.

'나는 할 수 있다. 해낼 것이다. 반드시 실패를 딛고 일어날 것이다.'라고 강하게 자신해봐라.

이는 목차에서도 마찬가지다. 목차는 신중하게 책을 고르게 해준다. 우리에게 가장 중요한 것은 시간이다. 시간을 쪼개고 만들어내면서 책을 읽으려고 했는데, 생각과 다른 내용의 책이라면 다시 책을 고르는 과정이 시작된다. 처음 공을 들여라.

작가들이 써낸 목차는 얼굴이자 생각을 자신감 있게 드러낸 것이다.

03

어플을 이용해서 기록하라

●

○

　당신은 시간이 없어서 책을 못 읽는가? 이어령 전 문화부장관도 독서광이다.

　성공한 사람들은 대부분 독서를 즐겨 하고 아무리 바빠도 일주일에 1~2권은 습관으로 읽는다. 우리도 하루 시간을 차분하게 살펴보면 분명히 시간이 있다. 구체적으로 파악해보라. 인지하지 못했던 '흘러가는 시간'을 잡아라.

　출퇴근길에 지하철이나 대중교통으로 이동하는 시간도 활용할 수 있다. 왕복으로 두 시간 남짓한 시간이 주어질 것이다. 그 시간이면 책을 빠르게 읽는 사람은 한 권도 읽을 수 있다. 종이책은 그것만이 갖는 독특한 재질의 느낌, 기록할 수 있는 여백, 평생의 자산이 될 수 있다는 좋은 점이 있다. 하지만 독서 습관을 기르는 데 스마트폰의 도움을 받을 수 있다.

어플을 이용해보자.

스마트폰에는 유용한 어플들이 많다. 전자책 서비스가 처음 나왔을 때는 불편한 감이 있었다. 이제는 업그레이드도 자주 되고, 책의 권수도 많아졌고, 독서에 대한 글을 기록하고 공유하는 실천 프로그램까지 생겼다. 주변의 시립도서관이나 온라인 대형 서점에서도 이용할 수 있게 시설을 갖추었다.

나는 〈밀리의 서재〉 전자책을 이용 중이다. 분명히 내가 읽고자 하는 책을 찾을 수 없는 상황도 있다. 읽고 싶은 책은 희망도서로 신청하라. 이 서비스를 선택한 가장 큰 이유는 책의 권수가 많고 기록할 수 있어서이다.

읽으면서 좋은 책들은 서재에 모아놓을 수 있다. 책에 기록을 한 사람들의 숫자, 미리 읽은 사람들의 생생한 한 줄 후기까지 도움이 된다. 같은 책을 읽은 사람들과 독서 모임을 하는 것과 비슷한 효과까지 예측해볼 수 있다.

기록하면서 읽는 습관을 들일 수 있다. 하이라이트로 칠하고 메모까지 작성해두어라. 나중에 메모만 보면서 핵심을 파악하기도 쉽다. 자주 사용하지 않으면 잊어버린다. 어쩔 수 없다. 당연한 문제다. 자신의 의지 문제가 아니라 어차피 일어나는 현상이다. 그러니 뇌가 활성화될 수 있도록 상세하게 기록하자.

일시, 권수, 느낌을 짧게 작성해보라. 책의 여백에 적듯이 메모에 남겨봐라. 하이라이트한 문장은 다시 볼펜으로 노트에 적어봐라. 부정적인 생각들이 떠오를 때 들여다봐라. 마음까지도 진정시킬 수 있다. 이런 문장들은 자주 보고 읽고 입으로 말해봐야 한다. 뇌가 그런 작용에서 자극을 받는다.

"너 자신을 알라."라는 명언을 처음 접할 때는 외워지지 않았을 것이다. 너였는지 나였는지 헷갈렸다가 수십 번 외우고 듣고 입으로도 말한 대한민국 국민이라면 바로 알 것이다.

홍익인간의 뜻은 '널리 인간을 이롭게 하라.'이다. 어느 학교에서 한 사회 시험 주관식 문제로 나왔다. 그때 개념에 익숙해지지 않은 한 학생이 앞자리 학생 답을 컨닝했다. 그 답으로 '널리 인간을 이렇게 하라.'라고 작성해서 틀렸다. 이런 우스개 사연도 있다.

시를 암송하는 이치가 그렇다.

제목부터 시인 이름, 그리고 시를 연으로 읽다 보면 흐름이 보여서 눈 감고도 시의 느낌까지 목소리로 전할 수 있게 된다. 영감을 받게 된다. 그 느낌을 살려서 짧은 글을 작성해봐라. 자신의 짧은 시가 된다.

때로는 몇 권을 읽었는지가 중요한 것보다 의식을 성장시켜주는 책 한 권을 여러 번 읽는 것이 낫다. 의식을 성장시켜주는 책들은 일상생활 속에 잘 스며든다. 미미하고 편협한 시각을 갖던 자신을 돌아보고 반성하게 해준다. 넓게 숲을 보고 그 속에 속한 자신의 존재를 알려준다.

종이책, 전자책 둘 다 읽을 수 없는 사람들에게는 '오디오북'을 추천한다.

귀는 어떤 방해도 받지 않을 것이다. 오히려 북적거리는 곳에서는 귀를 집중시키는 것도 정신 집중력을 기르는 데 한몫한다. 혹은 팟캐스트를 들어도 될 것이다. 자신이 흥미 있는 분야의 지식을 쌓아가는 것이 먼저다.

지식을 폭발적으로 쌓다 보면 자신이 꽂히는 단어들이 들릴 것이다. 평소에 자신이 쓰던 말이나 생각일 것이다. 그 단어들을 확장하는 연습을 해봐라. 오디오북의 좋은 점은 글자가 살아서 들려오는 것이다. 생생함을 담는 글자들에서 배우고자 하는 부분을 선택하라.

〈브런치〉, 〈무제 노트〉라는 어플을 이용해서 글쓰기를 할 수 있다. 짧은 글쓰기로 생각하는 습관을 기르기에 좋다. 일기의 형태를 벗어나 다양한 주제를 접하고 싶다면 이용해봐라. 자신의 글을 공개하거나 비공개하여 공유할 수 있다. 글을 공유할 때 새로운 자극을 받을 수 있다. 각자가 사용하는 어휘량과 중점이 되는 가치관이 다르기 때문이다.

글쓰기는 또 하나의 소통 창구이다. 친구를 만나서 이야기하며 스트레스를 풀 수도 있다. 하지만 차마 하지 못했던 이야기들도 있다. 글을 쓰면서 마음속에 응어리를 풀어낼 수 있다. 자신만 아는 사연들을 작성하다 보면 스스로가 치유되는 경험을 할 것이다. 자신을 위로하고 발전시키는 방법이다.

나는 자주 명쾌한 답을 원했다. 진로에 대한 구조적 사고를 하고 싶어서 관련된 세미나, 강연을 찾아가서 듣고 실천해봤다. 거기서 많은 스킬을 쌓을 수 있었다. 그렇지만 이것을 삶에 적용하는 방법론은 얻지 못했다. 실현 가능한 구체적인 것이 간절했다.

'도대체 사고의 확장이란 것이 뭘까?'

질문들은 전부 머릿속에서만 맴돌았다. 여러 가지 중 사고의 확장에 가장 도움이 되었던 것은 마인드맵이다. 늘어놓은 단어들을 구조적으로 묶어서 분류하고 싶다면 시도해봐라. 비슷한 방법으로 만다라트 기법이 있다. 중점이 되는 핵심 키워드에서 뻗어가는 생각이 있고 그것의 공통점이 확실히 존재했다.

한 장으로 정리가 되면서 자신이 논리적으로 사고할 수 있는 기반이 되어줄 것이다. 글을 쓰는 방법은 소설처럼 작성하는 감정을 끌어올리는 표현법도 있고, 앞뒤 연결의 근거를 제시하여 설득력이 있는 방법도 있다. 글쓰기로 스트레스를 풀어주자. 그리고 그 글들에서 핵심적인 부분을 정하는 '자신만의 핵심'을 하자. 인생에 도움이 될 것이다. 한 문단을 한 문장으로 요약해보자. 그것이 글의 핵심이다. 이것을 파악해가는 일이 자연스러워야 한다. 국어 시험을 대비하는 학생들도 도움이 되는 방법이다.

처음에 열정과 달리 금방 식는다면 원인을 파악해봐라. '구체적인 계획'이 아니기 때문이다. 전체적인 계획을 흐름에 맞춰서 짜야 한다. 그저 충동적인 느낌에 대한 확신으로 시작한 것은 아무것도 남지 않는다. 성공도 실패도 없다. 열정을 낭비한다. 소모적이다. 제대로 계획을 짜자.

큰 계획을 짜는 것은 우리가 하는 일의 밑바탕이 된다. 밑바탕을 채우는 '작은 것에 성공해가는 과정'이어야지 큰 흐름만 정한다면 흐지부지된다. 계획을 실행하고 성공하기 위해 '할 일(To Do) 리스트'를 작성해봐라. 성공할 때마다 리스트를 지워가는 성취감을 느껴라. 그것이 큰 맥락을 파악할 수 있게 해주고 이어가는 힘이 되어줄 것이다.

실패하게 되더라도 원인 분석이 명확하다. 전체 계획의 실패가 아니다. 실패한 원인을 찾는 과정도 문법적으로 살펴볼 수 있다. 조금 더 세부적이고 미래 지향적인 사고를 해야 한다.

예를 들어, '나는 오늘부터 한 달 동안 퇴근하고 1시간 책을 읽고 자겠다.'라는 목표를 정하고 이를 위해 육하원칙에 따른 할 일 리스트를 작성했다. 그리고 한 달 동안 그대로 실행했는지 하지 않았는지 체크를 한다. 객관적으로 표기하라. 그런데도 실패했다. 원인이 무엇일까?

오늘부터 / 한 달 동안 / 퇴근하고 / 1시간 / 책을 읽겠다.

다섯 가지의 선택사항 중에서 당신이 지키지 못한 부분이 어디인가? 그것을 개선할 방법은 뭐가 있는가? 혹은 리스트를 수정해야 하는가?

이런 식으로 큰 맥락을 파악하고 이것으로 작은 성공에 초점을 맞추는 '현미경의 눈'을 자유자재로 바꿀 수 있어야 한다. 글쓰기에서 습관으로 들이고 반복하라.

04

질문을 던지면서 읽어라

●

●

아이는 어릴 때 폭발적으로 성장한다. 그 과정 중 하나가 '왜?' 도돌이
표이다. 단편적인 1차원적인 질문들의 향연이다. 눈에 보이는 모든 것이
질문거리이다. 그 행동은 사고가 성장하는 신호이다. 질문한다는 것은
생각하겠다는 뜻이다.

이때 부모나 주변 어른이 질문에 대한 답을 주는 방법이 중요하다. 그
답이 곧 세계를 사고하는 방법이 된다. 많은 연구가 이를 보여준다.

우리 조카가 4살이 되던 무렵이었다. 까꿍 놀이만 하면 싱그럽게 웃
어주던 아이였다. 그러다가 점점 키도 크고 얼굴도 또렷해지더니 자신
을 표현하기 시작했다. "나는 핑크색이 좋아. 고모는?", "마이너스가 뭐
야?", "고모는 뭐가 되고 싶어?", "고모, 나는 할머니가 두 명 있다?!" 등

의 수많은 물음표가 붙기 시작했다.

모든 질문에 답을 해주는 자체는 곤욕이었다. 성인은 말하지 않아도 바로 인지하는 부분에 대해서 입으로 꺼내놓아야 하는 것이 여간 귀찮았다. 끝도 없었다. 하지만 조카의 성장을 위해서 끝없이 번뇌했다.

'답을 정확하게 해줄 것인가? 무시할 것인가? 어떤 대처를 하는 게 가장 도움이 될까?'

조카의 질문은 나에게 생각을 하게 했다. 고민의 적절한 답을 찾아가게 만들고 있었다.

호기심은 학습에서 가장 좋은 촉매제다.

세상을 탐구하고자 하는 긍정적인 반응이다. 호기심 없이 무조건적 수용은 '나 자신'을 잃게 만들 수도 있다. 통제하고 강요하는 것은 가장 쉬운 방법이다. 이것은 생각할 필요가 없다. 시키는 대로만 하면 되고 주어진 일만 처리하면 끝나기 때문이다. 거부 반응이 일어난다. 그 일은 머지 않아 하고 싶지 않아지고 능률도 떨어질 것이다.

즐겁게 공부한다는 것을 아는 사람은 스스로 찾아서 배우고 발전을 거듭한다. 한 가지 분야에 호기심이 생겨서 공부하게 되면 전문가가 된다. 재미있게 살아가게 된다. 긍정적으로 관찰하고 생각하게 된다. 끈기가 생기게 된다. 그들은 주변의 모든 것이 공부할 주제가 된다. 그리고 그 속에서 차이점을 발견하게 되면서 창의적인 사고를 할 수 있게 된다.

모방은 창조의 어머니라고 했다. 어느 날 우연히 없던 것을 발명하게 되는 일은 드물다. 어디서 봤을 법한 것, 들어봤던 것, 써봤던 것이 기억에 남아 있다가 끄집어내진 것이다. 적절한 순간에 그 기억을 떠올릴 수 있는 것도 배경 지식이 많아서이다. 수많은 물고기 중에서 가장 마음에 드는 물고기를 건져 올린 경우다.

가만히 있으면 아무것도 하지 못한다. 질문을 던지면서 생활해야 한다. 사람과의 관계가 고민이 된다면 고민의 주제에 대한 분석을 해봐라. 분석은 질문과 답의 연속이다.

한 친구가 매번 약속했던 시간보다 10분 늦게 나왔다. 한 번은 참고 두 번째도 참았다. 세 번째가 되자 폭발해서 언성을 높이며 싸웠다. 알고봤더니 친구는 자신의 행동에 대해서 인지하지 못하고 있었다. 진작 물어보지 못한 자신을 원망할 것인가?

친구의 행동을 관찰하면서 질문을 던졌다면 어땠을까. 단적인 예시일 수 있지만, 친구를 알고 있는 사람이라면 10분 늦게 출발하든지 친구에게 약속 시간을 10분 빨리 말해주든지, 관계를 깨뜨리지 않기 위해 창의적인 사고를 했을 것이다.

질문의 행동으로 생각하는 능력을 얻는다.

뇌는 스스로 사고하고자 한다. 그리고 생각은 자신의 모든 것에 반영된다. 상대방과 깊이 있는 대화를 위해서 '깊이 있는 질문'을 던져야 한다.

깊이 있는 질문에는 다른 사람의 삶에 관심 가지기, 관심사를 물어보기, 생각을 듣기 등이 있다. 이는 다른 사람을 배려하는 태도를 기르게 되고 질문의 의도를 찾아가는 방법을 알려준다. 답을 찾는 여러 가지 것을 시도해본다. 책을 찾아 읽거나, 전문가에게 물어보거나, 직접 경험해보는 방법 등이 있다. 결국은 건강한 생각을 갖기 위함이다.

『첫마디를 행운에 맡기지 마라』는 대통령의 통역사가 들려주는 소통의 기술에 관한 책이다. 적절한 질문으로 세계 인사들과도 좋은 자리를 이어가는 방법을 소개한다. 말에도 향기가 있다고 한다.

건강한 생각은 인생에 향기가 되어 향을 풍긴다. 자신의 질문이 부끄럽다거나 잘못되었다는 생각을 하지 않는다. 대화가 단절되지도 않는다. 회피하지도 않는다. 자존감을 가득 채우게 될 것이다. 새로운 사실을 깨닫게 되기도 한다.

생각만으로 인생을 역전시킬 수 있다. 자신감을 채우고 향기가 날 법한 말들을 하면서 사랑의 얼굴을 갖는 사람에게 부정적인 에너지가 다가갈 수는 없다.

역지사지의 정신이 통한다. 다른 사람을 생각하게 되면서 마음까지도 읽히는 세심함이 발달한다. 세상을 탐구할 때도 마찬가지다. 세심하게 묻고 답하라. 역사가 왜 일어났는지 파악해라. 어떤 시대에 자신이 살고 있는지 공부해라. 오늘에 감사함을 느낄 것이다.

비판적 사고를 할 때 질문이 필요하다.
'그건 잘못됐다.'라고만 말하는 것은 비난이다. 비판은 자신이 생각하는 것과 다름을 토론하고자 하는 방향을 갖고 있다.

책을 읽을 때 수용하던 습관을 벗고 비판적 사고를 갖춰보자. 저자가 던진 화두에 '왜?'라고 계속해서 풀이를 해봐라. 자신의 개념을 만들어봐라. 혹은 자신이 생각하는 이유를 덧붙여봐라. '나는 이렇게 생각해.'라고 말해봐라. 해석하며 요약해서 정리하다 보면 개요 구성이 자동으로 처리될 것이다.

'현대는 왜 코로나의 시대에 살게 되었나?'
'나는 왜 태어났을까?'
'일을 잘한다는 것은 뭘까?'
'내가 좋아하는 일은 명확하게 뭘까?'
'정의는 무엇인가?'

단어마다 자신만의 주석을 달아봐라. 이 과정이 반복 훈련되면 철학적인 사고를 받아들이기 쉬울 것이다. 어려운 과학 용어, 논문, 양자역학 같은 분야에 공부를 도전할 수 있게 될 것이다.

나도 책을 읽으면서 비판적인 사고를 기르는 연습을 한다. 한 문단별로 핵심 문장을 밑줄 긋거나 직접 작성해본다. 그리고 요약하며 읽으면 개요 파악이 쉬워진다. 소설은 줄거리를 읽지만 다른 지식 전달 책들은 개요 파악 연습을 한다.

그리고 나중에 양자역학에도 도전해볼 것이다. 과거 TV 프로그램에서 〈박사 되기 프로젝트〉를 소개하는 것을 본 적이 있다. 일반인들이 양자역학을 공부하면서 박사처럼 이해하고 수료하는 과정이었다. 대학원을 들어가지 않고 양자역학의 전문지식을 공부한다. 자료도 2,000페이지가량에 달하는 논문이다. 그들은 좋아하는 것을 하니 이해하고 개념을 공부하는 것이 가능하다고 인터뷰했다.

생각하는 힘이다. 익숙하지 않은 용어에 대해서 하나하나 질문하고 주석을 달다 보면 스스로 이해시키는 방법까지 배운다. 그리고 차원의 세계에 관해 이야기를 교수와 나누면서 점점 발전하는 자신이 대견하다고 한 참여자는 인터뷰했다.

질문이 주는 어마어마한 후광을 자신에게 비춰라. 이 능력만 끌어올리면 배우지 못할 주제가 없을 것이다.

당신은 당신의 생각보다 더 능력이 출중하다.

05

같은 주제의 책을 30권 보면 전문가가 된다

●

●

이 세상에 재능이 없는 사람은 없다.

문제는 재능을 찾기까지 행동할 수 있느냐는 것이다.

– 조지 루카스

대한민국은 '빨리빨리'의 나라이다. 작은 땅을 5천 년 동안 운영해오고 있는 비결 중 하나가 이것이라고 한다. 산업이 발전하면서 외환 위기가 찾아왔던 1997년. 전 국민은 외환 위기까지 하나로 뭉쳐서 '빨리빨리' 극복했다. 자주 건물을 드나들면 그곳의 엘리베이터마다 '닫힘' 버튼이 닳아 있다.

혹여 '빨리빨리'가 익숙해지지 않는 사람들은 어떻게 할까?

'나는 어떤 재능을 가지고 있을까?'

직장생활 n년 차, '이렇게 더는 살지 못하겠다.' 결심하고서 어떤 진로를 결정할지 탐구하였다. 나처럼 느린 것에 편안해하는 사람들은 빠르게 하는 방법을 기술적으로 터득한다. 그저 적응하고 살아간다. 빠르게 살지 않는다고 재능이 없는 것은 아니다. 진로에 대한 고민이 많았다.

느리더라도 몰입해서 한 가지 질문만 끊임없이 생각해봤다. 『초인 대사(大師)들이 답해주는 삶의 의문에 관한 100문 100답』 책에서 배운 방법대로 실천해봤다. 실천법은 밑에 소개하겠다. 나는 책을 쓰는 작가가 되어 다른 사람을 돕고 카운슬링을 하고자 하는 강한 충동을 느꼈다. 이것으로 삶을 계획하기로 했다.

책 쓰기와 관련한 세미나에 참여하고, 영상을 보고, 책을 전부 읽어보았다. 진로, 성공에 관련된 책을 20권쯤 읽다 보니 책들이 말하는 공통점이 보였다. 대화하는 양이 달라졌다. 전달하는 자신감도 상승했다. 지식을 풍부하고 다양하게 쌓은 결과였다. 공통점을 바탕으로 조금씩 시도해보고 있다. 분명한 사실 한 가지는 실패와 좌절에 절대로 지지 않는다는 것이다.

'삶의 계획'에 관한 기준을 세웠다. 어떻게 더 큰 계획으로 발전해갈 수 있을지에 관한 실현할 방법을 정했다. 리스트를 작성해보기로 했다. 하나씩 지워가는 성취감이 들었다. 이제는 리스트에서 '작가가 되어 책 쓰기' 하나를 지울 수 있게 됐다.

책을 보고 내가 했던 방법을 알려주겠다. 종이와 펜을 준비하고 그대로 작성해봐라. 나의 예시를 함께 공유하겠다. 참고해서 자신의 공통점을 찾아봐라.

"살아가면서 가장 하고 싶은 일들을 열 가지를 적어봐라."

1. 책 쓰기로 작가 되기

2. 경제적 자유인 되기

3. 내가 주인 되는 삶을 사는 방법 깨우치기

4. 다른 사람을 돕는 일을 하기

5. 월 1억 벌어서 수익금 10%를 기부하기

6. 전문 분야 5개 늘리기 – 올해 책 5권 쓰기

7. 불어, 영어 회화를 유창하게 하며 세계 곳곳에서 자유롭게 작업하기

8. 작업실과 주거공간이 있는 단독주택 구매하기

9. 예술과 내 삶을 접목할 수 있는 방법 고민하기

10. 스테디셀러 되기

꿈을 가져라. 구체적으로 상상하라.

이 책에서는 단어만 나열해도 가능하니, 공통점을 찾고 원하는 산업에

서 일하고 싶은 꿈을 실현해보라고 한다. 나는 키워드를 구체적으로 작성해보라고 권하고 싶다. 즉, 나의 꿈의 단어들을 보면 '언어, 글쓰기, 책 읽기, 여행하기, 자립하기, 성공하기 등'의 키워드가 있다. 이것으로 실현할 방법을 연구한다. 교육도 받고 그 방면에서 일도 해보는 것이다.

포인트는 자신이 좋아하는 일을 하는 것이다. 이것만 명심하고 도전해보면 된다. 무엇보다 이를 잃어버리고 시작하면 안 된다. 모든 전문가는 처음에 아마추어로 시작하였다. 현재의 위치가 전부가 아니다. 자신이 지닌 재능에 확신을 가지자. 꿈에 대한 한 치의 양보도 하지 마라. 당장 해결할 생각은 버려라. 처음 투자를 하며 배우는 것도 중요하다. 새로운 분야는 전문가에게 배워서 시행착오의 시간을 줄여야 한다.

새로운 진로를 알아보며 우연히 만났던 곳이 〈한국책쓰기1인창업코칭협회〉였다. 책을 쓰면 전문 직업인으로까지 나를 발전시킬 수 있을 것 같았다. 김도사 대표는 250권의 책을 쓰고, 교과서에 글이 실리고, 작가들을 1,100명 배출한 약력을 가지고 있었다. 최초로 '출판 가이드 시스템' 특허까지 받은 곳이었다.

그러면서도 막상 새로운 도전을 하는 것에 두려움이 있었다. 현실적인 상황도 받쳐주지 않는다고 부정했다. 그러나 꿈을 이루기 위해서 책 쓰기 수업을 들었다. 탁월한 선택이었다.

대표 김도사님의 코칭은 과학적인 원리와 시스템으로 갖춰져 있었다.

특히 한 번도 책을 써본 경험이 없는 나에게도 방법론적으로 바로 적용됐다. 시행착오를 겪고 이를 단축하기 위해 열심히 노력한 전문가의 코칭이 있었기에 이 책이 완성되었다. 그리고 삶에서도 전문인으로 성장시켜주었다.

모든 존재는 어떠한 재능이나 능력, 그리고 기술들을 가지고 태어나는 것이 분명하다. 그것이 어릴 때부터 명확하게 드러나는 사람이 있다. 하지만 대부분의 경우 그 재능이 알아챌 수 없을 정도로 잠재하고 있어 살면서 다시 배워야 한다. 다방면의 경험을 할 수 있는 책을 읽어 잠재하고 있는 재능을 일깨우자.

직장인이라면 자기계발에 필요한 책을 30권 읽어봐라. 어느 부분이 부족하고 채워가야 할지 명확하게 보이면서 승진에 한 걸음 다가갈 것이다. 결국, 자신만의 교양이 쌓이면서 분석적인 사고를 하게 되고 발전될 것이다.

전달력이 있는 문장은 귀에 쏙 들어온다. 그런 문장들은 통계적인 숫자나 수치를 사용한다. 방법을 나열하는 것보다, 1, 2, 3 등의 숫자로 정리해주면 훨씬 집중하기 쉽다.

전문가는 그 분야에 대한 서론, 본론, 결론을 설명하는 지식이 있다. 그리고 어렵게 설명하지 않는다. 자기에게 걸러진 내용으로 상대방이 알아듣게 설명할 줄 안다는 것이다. 중립적인 입장으로 그 분야의 좋은 부분과 나쁜 부분의 이유를 작성할 수 있어야 한다. 즉 그 분야의 '나만의 매뉴얼'이 있어야 한다는 것이다.

누구나 매뉴얼을 작성할 수 있다.

나는 원고를 작성하면서 30권이 훨씬 넘는 책을 읽었다. 생각을 정리하며 작성한 노트가 10권 정도 되었다. 전 페이지를 필사 한 책이 3권이었다. 그리고 글을 정리하는 방법을 깨닫고 조금씩 실천할 수 있게 되었다. 생각 정리에 도움이 되는 영상으로 아침을 깨우기 시작했다. 출근하면서 이런 동기부여 영상이 필수가 되고 없으면 허전해졌다. 눈으로 집중할 수 없을 때 사용하는 방법이다.

'나만의 매뉴얼'이 처음 10페이지로 시작하다가 스스로 공부하고 채워갈수록 심도 있는 100페이지로 늘어나게 되었다. 앞으로 이 매뉴얼은 얼마나 늘어날지 모른다. 혹은 몇 권이 될 수도 있다. 자신이 하는 일, 좋아하는 것, 관심 있는 것은 미친 듯이 열정을 다해 공부하라. 미쳐야 성공한다. 개인이 특화되는 시대에서는 자신의 가치에 비중을 실어야 한다. 세상은 이제 자신만의 전문적인 분야를 개척하는 시대가 되었다. 최선을 다하지 않으면 밀려난다.

성공하고 싶으면 성공한 사람 옆에서 지켜보라고 했다. 분야도 정말 세분되었다. 새롭게 SNS 마케팅도 생겨났다. 러시아 이민자 출신 게리

바이너 척은 자신의 20대를 일로 채웠기에 지금 성공했다고 한다. 현재 술 마시고 놀았던 시간은 40대가 되어서 옭아맨다고 동기를 부여한다. 그는 현재 40대에 수백억의 자산가다.

지금은 인생 1막이었을지라도 인생 2막, 3막, 4막……이 기다리고 있을 것이다. 그것을 향해 함께 달려가자.

06

고전, 인문학으로 책 읽기를 발전시키자

●

●

고전, 인문학을 막상 펼치기가 어려운 이유가 뭘까.

나 역시 고전은 일단 용어 자체가 어려움이 느껴진다. 생소한 어휘를 파악하는 것이 1차 과제이다. 첫 페이지부터 그런 어휘들이 튀어나온다. 일상생활에서는 그 어휘들의 쓰임새가 없었으니 1페이지 넘기기가 고난이다. 그러니 한 권의 책 읽기는 기일이 없는 시작이 되어버리고 만다.

그러나 고난을 넘기면 새로움을 깨닫게 된다. 그 차이가 느껴질 때 스펀지가 물을 흡수하듯이 계속해서 생각을 확장해갈 수 있을 것이다. 생각에 질문을 거듭하면서 그 답의 본질을 꿰뚫기 위한 호기심이 차오를 것이다.

독일 속담에 "나이를 먹어도 바보는 현명해지지 않는다."라는 말이 있다. 지혜와 나이는 비례하지 않는다는 의미이다. 철학이라는 철갑을 두른 지혜는 칼이 뚫지 못한다. 연륜이라는 말도 있다. 나무의 나이테가 있듯이 사람들에게 나이를 세는 경험치이다. 그 경험치의 폭은 자신이 겪은 만큼의 깊이로 나타난다.

얼마나 삶의 근본 원리에 대하여 생각해봤는지는 자신의 모든 것에서 태가 난다. 지식인과 지성인은 다르다. 지혜가 있는 사람과 대화를 해보면 말에서 치열한 삶을 보냈다는 느낌이 난다. 단어 하나를 선택함에도 꾹꾹 눌러 담은 공기밥과 같은 묵직함이 있다.

깊이가 있는 생각은 변화를 겪을 때 급격한 성장을 한다. 위기가 올 때 극복하기 위한 몸부림을 치며 스스로 변화되기 시작한다면 잠재의식에 있던 근본적인 질문들이 둥실 떠오른다. 사람은 변화할 수 있다. 누구나 무한한 성장을 할 수 있다. 자신 스스로가 뼈를 깎는 노력으로 연구한다면 가능하다. 처음에는 시간이 오래 걸리고 포기하고 싶은 마음이 간절할 수도 있다. 이것을 견디고 '작은 성공'으로 조금씩 발전시켜보자. 훗날 맞는 기쁨이 더욱 클 것이다. 고전, 인문학이 근본적인 인생의 질문의 본질을 찾아내게 도와줄 것이다.

우리의 '작은 성공'은 호기심을 자극하면서 시작된다. 고전에서도 접하기 쉬운 책부터 골라서 읽어보자. 여러 고전 목록 중에서 가장 많이 들어봤음 직하고 많은 사람이 골랐던 스테디셀러 같은 책들이 검증된 책이다. 그것을 읽어보고 자신과 맞지 않는다면 덮어버리고 다음 순위의 책을 읽으면 된다.

그리고 책 속의 한 줄이나, 하나의 소제목에서 느껴지는 감동이나 공감의 순간을 기억하라. 집중적으로 자신만의 생각을 덧붙여보는 시간이다. 책을 읽는 당신이 부모라면, 자신의 모습이 바로 교육으로 이어질 것이다.

전 세계 금융의 중심에는 항상 유대인들이 있다. 유대인 교육법의 중심은 '토론문화'이다. 학교에서는 질문하는 것으로 수업을 이어간다. 특히 유대인의 경전인 '토라'의 해석 수업 등으로 수업시간 내내 끊임없는 질문과 대답이 오간다. 가정에서도 기본적으로 '좋은 질문'을 하는 것이 중요하다고 가르친다.

어떤 책을 골라야 할지 모르겠다면 교과서에 나오는 고전들을 제대로 읽자. 익숙하기도 하고 전문을 읽어본다면 두고두고 꺼내서 읽게 되는 책들이다. 『어린 왕자』 등 고전 소설들은 성인이 되어 읽어도 좋은 책의 또 다른 귀감이 된다.

가끔 인간관계에 지칠 때『어린 왕자』를 보면서 생각에 잠기곤 한다. 보아 뱀을 바라보는 순수한 눈을 가진 아이의 모습이 그립기도 하고, 경험에 한계가 생기는 자신의 모습을 반성하고 맑은 생각을 다시 떠올리게 되기도 한다.

개인적으로는 어린 왕자가 만나는 장미, 여우와 같은 상징성이 있는 것을 통해 인지한 '인간관계에서 무엇을 중요하게 생각할지'에 대한 것들이 해를 거듭할수록 다르게 다가옴을 느끼고 있다.

과거 순진한 '온실 속 화초'처럼 자랐다고 생각한 나는 혼자 독립하고자 하는 마음이 굉장히 강했다. 다른 사람에게 부탁도 잘 하지 않았다. 그것이 독이 될 때가 있었다.

세상이 무서운 줄 모르고 쉽게 돈 버는 길을 쫓아다녔다. 냉정한 세상이었다. 대가 없는 경험은 없었다. 노력하지 않고 큰 한 방을 노리다가 사기를 당했다. 사탕 같은 꿀 발린 말은 너무 달콤했다. 돈은 떼이지 않았다. 실수라고 하기엔 책임의 규모는 무거웠다. 감정적인 소모가 3년간 지속이 되었다. 노력이 없는 돈에는 독이 발라져 있었다. 부는 한 방이 아니라 똑똑하게 만드는 방법을 배워야 한다는 것을 뼈저리게 배운 실패였다.

꽃을 만난 그가 했던 말이 떠올랐다.

"나는 그때 아무것도 이해하지 못했던 거야. 그 꽃이 하는 말이 아니라 행동을 보고 판단해야 했어."

가족과 소중한 사람들과의 관계에 대한 의미가 무엇인지 계속해서 되물었다. 나는 과연 '돈'을 '돈'으로만 바라보고 소유하려고만 생각한 것이 아니었나. 사랑하는 사람을 위하여 순수한 마음으로 성공하고자 했다면 그 가치의 고귀함을 알았지 않았을까. 삶을 대하는 방식에 대해 고찰을 하는 계기였다.

저자에 대해서 알아보자. 작가의 생애 업적을 알아보다 보면 그가 추구하는 가치나 생각이 무엇인지 알기에 더욱 이해하기 쉽다. 요즘은 인터넷에 검색만 해봐도 블로그나 서평에 적힌 글들을 통해서 접할 수 있다. 그것들을 통해서 접하는 게 좋다.

책의 시대적 배경 상황을 고려하라. 등장인물의 고민이나 살아가는 방식이 달라서 이해하기 어려울 수 있다. 그래서 책이 쓰인 배경에 대하여 알아야 문맥을 파악하고 술술 읽힌다. 그리고 고전을 선택할 때 가급적이면 최근에 출간된 것으로 골라라. 현시대 흐름을 반영하지 못하는 경우가 많을 수도 있고 사용하는 용어도 어려울 것이다.

그리고 독서 노트를 만들어라. 자기계발서도 책을 덮는 순간 잊어버리게 된다. 하물며 고전, 인문학은 더욱 그럴 것이다. 자신의 삶에 녹여내기 위하여 끊임없이 노출해라. 영어 단어를 외우기 위해서는 1만 번 이상의 노출이 있어야 기억에 남는다고 한다.

그 문장들을 자기화하면서 비로소 삶의 철학으로 자리 잡을 것이다.

자기 지혜가 된다. 그렇게 된다면 말에도 핵심만 꿰뚫는 단어를 찾는 능력을 체득한다. 고전의 짧은 문장은 핵심을 짚는다.

당신이 이 시대의 리더가 되고 싶다면, 고전을 통해서 '리더의 자질'에 관한 철학을 공부하라. 소통하는 법, 관계를 이어가는 방법 등에 관해 심도 있게 공부하라. 공자의 깨달음을 담은 문장들은 시대를 관통한다.

나는 이 문장들을 핸드폰, 노트 등에 작성해두고 계속해서 본다. "백성을 진작시켜 일하게 하고 의욕을 고취시켜라.", "온 세상의 모든 이치는 음양에 있다.", "태양이 온 세상을 비추듯이 밝음으로 세상을 경륜하라."

프랜차이즈를 창업해도 철학을 갖고 경영을 해야 한다. 그러니 우리가 살아가는 세상에 '나 자신'이라는 기업을 운영하기 위한 경영철학은 만들어두어라. 고전, 인문학은 동서양을 막론하고 처음의 토양을 다지는 첫 단계가 되어줄 것이다.

철학은 모든 살아가면서 겪는 일에 잣대가 되어준다. 선택에는 책임이 필수다. 피하고 싶다고 피할 수 없다. 모든 순간은 선택이다. 일생일대의 선택을 할 때도 도움을 줄 수 있다. 막막한 생각이 들 때 철학책을 들여다보고 계속해서 곱씹어보면 어느 순간 의미가 떠오를 때가 있다. 새벽에도 '유레카!'라고 외치며 벌떡 일어나게 될 것이다.

인간관계에 상처받은 당신에게도 도움이 될 것이다. 자존감이 낮아진

당신에게도 필요할 것이다. 신혼인 당신에게도 깨달음을 줄 것이다.

고전으로 삶의 풍부함을 갖자. 자신의 삶을 풍부한 것으로 만들기 위하여 주변의 모든 것에 변화를 주자. 토양을 비옥하게 갖추었다면 그 토양에서 잘 자랄 수 있는 씨앗을 심어주고 주변 환경을 바꿔주어야 한다. 잡초나 돌을 치워주지 않으면 열매가 영글지 못할 것이다.

07

책에서 찾은 멘토를 만나보라

●

●

대한민국은 OECD 회원국 중에 13년 연속 자살률 1위라는 불명예를 유지하고 있다. 스스로 목숨을 끊는 사람이 1만 4천 명에 육박한다. 하루 평균 38명이 극단적인 선택을 하는 것이다. 자살하려는 사람은 도움을 주는 사람 딱 한 명만 있어도 살 수 있다고 한다.

혼자서는 살 수 없다. 사회가 구성되고 나라가 구성된 현재에서 다른 사람과의 균형을 맞추면서 사는 방법을 깨우치고, 자신이 살아가는 이유를 명확하게 깨닫는다면 그 감정을 다루는 방법도 알게 될 것이다.

어려움이 생기면 도움을 요청하는 것이 당연하다. 그렇게 해야만 한다. 이게 상생하는 길이다. 주변에 도움을 요청하기 불편함을 느낀다면 책을 통해서도 가능하다.

심리학에 대해서 관심이 많아 책을 많이 읽어봤다. 어린 시절부터 '어떻게 생각해야 하고 그것이 현재에 어떤 영향을 미쳤고…' 등을 듣고 현재와 비교했다. 나의 어린 시절을 돌아보게 되었다. 그 저자의 책을 소개해준 상담사를 만나 상담도 받았었다.

몇 회 되지 않는 과정을 통해서 내 가슴속에 묵은 이야기를 털어놓으며 조금 홀가분해지는 감정을 느꼈다. 그때 응어리져 시멘트처럼 딱딱하게 굳어져 있던 마음이 말랑하게 녹는 느낌을 받았다. 제대로 내가 받아들여진 경험이었다. 그동안 "~해야 한다."라는 당위성만 있는 삶에서 "그럴 수도 있죠. 지금 충분히 잘해왔어요."라는 말에 억눌렸던 감정을 터뜨렸다.

책이란 건 그 저자의 생각, 경험들을 연구하고 그를 통해 얻은 소중한 정보를 전달하는 수단이다. 그렇기에 대화에서 감정을 나눌 때의 그 찬란함은 느낄 수가 없다. 글자의 한계이다. 평상시에 많이 느끼고 있을 것이다.

메신저로 대화를 하는 경우다. 이모티콘을 보내도 그들의 의도를 완전히 오해하게 되는 경우가 생기기 때문이다. 그것만큼 억울한 일도 없을 것이다. 막상 만나서 대화를 하면 금방 오해가 풀린다. 그래서 어떨 때는 전화가 필요할 때가 있다.

책은 저자의 체험 일부분을 글자로 정리한 표현이다. 사례에 대한 궁

금증이 더욱 생길 수도 있고 잘 이해가 되지 않는 부분도 생길 수 있다. 의문 나는 점을 과외하듯이 세세하게 알고 넘어가고 싶을 수도 있다.

그것들을 알려주고 도움을 줘야 하는 것이 사람이 책을 쓰는 이유와 같다고 생각한다. 소설 『태백산맥』을 한참 재미있게 읽을 때였다. 소설의 배경이 되는 전남 보성을 찾아가며 주인공들이 생생하게 살아 숨 쉬는 느낌을 받고 오곤 했다. 극적인 순간이 되면 자신도 모르게 긴장하고 숨이 막히는 경험을 해본 적이 있을 것이다. 책과 교감을 하는 과정이다.

소설 이외의 모든 글이 담는 좋은 면을 취득하고 거기서 더 이야기를 나누고 싶어지면 찾아가면 된다. 이것은 '끌어당김의 법칙'과도 연결된다.

어떤 책을 읽다가 공감되는 문장을 마주하면 자꾸 떠올린다. 그 생각들과 맞물리는 상황을 겪는다. 가령 아침에 일어나서 가족과 싸우고 일을 나섰다. 하루 내내 일이 손에 잡히지 않는다든지, 기분 나쁜 일이 계속 일어난다든지 하는 경우다. 이는 자신이 기분 나쁜 감정으로 하루를 지냈고 그것을 계속 생각하므로 그 기운이 끌어당겨진 것이다.

그래서 기분 좋은 감정으로 전환을 빠르게 해내 고리를 끊어야 한다. 싸운 가족에게 사과의 메시지를 전하거나, 감사한 부분을 한 가지 생각해내거나 하는 방식 등으로 말이다. 자신의 감정 또한 자신이 선택할 수 있다.

책이 갖는 힘도 그렇다. 자신에게 울림을 주는 책은 그 울림이 자신의 삶에 물들게 된다. 기분 나쁜 생각이 들면 '긍정적인 생각'으로 바꾸라는 울림이 생겼다고 하자. 그럼 한 번은 시도해보게 된다. 그리고 분명 기분 좋은 경험으로 바뀌었을 것이다. 그것을 여러 번 반복해서 하다 보면 자신의 생활 속에 무의식으로 자리 잡을 것이다.

마치 음악을 듣고 흥얼거리는 것처럼 일상을 바꾸는 흥얼거림을 느낄 수 있다. 나도 어느 책에서 소개해준 그대로 하루에 감사한 부분을 찾기 위한 시도를 하였다. 처음에는 너무나 당연해서 감사한 줄도 몰랐다. 아침에 푹 자고 일어난 상황도 감사하지 않았다.

그래서 이부자리를 정리하기 시작했다. 아무리 바빠도 1분의 시간을 투자하면 바로 깨끗해졌다. 그렇게 상쾌한 느낌으로 하루를 보내면 그날은 점심 식사도 내가 좋아하는 반찬이 나왔다.

그리고 여행을 가기 전에 부모님은 꼭 집을 말끔하게 청소하시고 떠나셨다. 평소보다 조금 더 유별나게 청소한다고 생각했었다. 내가 엄마에게 물어보았다.

"엄마. 어차피 여행가면 집에 아무도 없는데 왜 이렇게 청소를 해나?"
"그래야 다녀오면 기분이 좋잖아."
그때는 잘 몰랐지만 나도 여행을 간다면 시도를 해봐야겠다고 생각했다. 그렇게 짧은 1박 2일의 여행에서도 집안 정리를 전부 해놓고 다녀왔다. 몸이 지친 상태에서 깨끗한 집을 보니 기분이 좋아짐을 느꼈다. 엄마의 말이 맞았다.

감정과 생각은 건강에도 영향을 미친다.

책에서 얻은 교훈대로 생각하게 되면 그 교훈대로 살게 된다. 건강도 결국은 생각으로 통제된다. '나는 신체 건강하다.', '나는 병이 다 낫는다.'라고 생각하면 그렇게 되려고 몸의 모든 세포가 움직인다. 당신이 외로움을 느끼고 있다면 외로움을 더욱 느끼면서 살 것이다. 당신이 공허함을 느끼면 더욱 공허함을 매일 느끼게 될 것이다.

20대 초반에 힘줄을 잇는 수술을 한 적이 있다. 그날의 분위기와 기분을 잊을 수가 없다. 엄청나게 공허하고 정신 집중이 하나도 되지 않던 저녁이었다. 사람들 속에 섞여 있어도 영혼이 몸을 나가 있는 것처럼 느껴졌다. 발을 내딛는 목적도 잊은 듯이 집으로 왔다.

부모님과 함께 밥을 먹기 위해서 씻고 나와 화장품을 바르고 식탁으로 갔다. 밥을 공기에 푸기 위해 사기그릇을 든 순간 손이 미끄러워 놓치고 말았다. 그리고 모서리에 부딪히면서 그릇이 깨지고 그와 동시에 나는 공기를 붙잡기 위해 손을 뻗었다.

그 대수술로 병원에 입원하고 한 달의 깁스를 하며 바늘로 꿰맨 훈장을 얻었다. 한 달간 약지 손은 굽어진 상태에 있었다. 깁스를 풀고 나서도 물리치료로 정상적인 신경을 되살리기 위한 치료를 해야 했다. 당시에 나는 빠르게 회복하고 싶은 마음이 컸다. 그래서 '약지 손이 건강해질 것이다.'라는 생각을 종일했다. 자주 주물러주고 과거 수술 전의 모습을 떠올리며 물리치료도 빼먹지 않고 다녔다.

그렇게 2주 만에 무거운 짐을 들어도 괜찮을 정도로 나았다. 물리치료를 해주던 치료사가 상당히 빠르게 호전되었다고 말할 만큼 열정적으로 그 손을 낫게 하기 위해 집중했다.

그때의 공허함은 나에게 보내는 신호와 같았다. 그 상황을 다른 감정으로 전환하였다면 좋았을 것이다. 기분 좋은 감정으로 빠르게 바꾸고 그 감정을 끌어당겼다면 즐거운 저녁 식사를 했을 것이다. 놀라운 경험이었다. 그리고 확실히 깨달았다. 감정과 생각이 내 건강에까지 영향을 미치는 것을 경험했다.

책에 쓰인 멘토들은 자신의 삶에까지 영향을 미칠 수 있다. 어떤 생각을 가지고 살았는지 각자의 경험들에 대한 지혜를 얻을 수 있고 생각들을 배울 수 있다. 전혀 생각하지 못했던 우연한 기회를 얻는 경우도 생긴다.

자기의 생각은 과거의 경험들과 현재의 삶에 나타난다. 그리고 미래에 결과를 예측한다. 모두 자신이 선택한 것이다. 그것들을 긍정적인 것으로 '끌어당겨짐'을 이해하게 되면 멘토의 생각을 흡수하고 싶어질 것이다. 자신이 미래를 선택할 수 있게 된다.

자신이 바라는 모습으로 살기 위하여 생각하고 느낀 바를 멘토와 함께 맞는지 잘 살펴보는 객관화의 과정에서 치유를 받기도 한다. 나도 그런 경험을 하였고 그처럼 살아가려고 한다.

도움이 필요한 곳에 도움을 줄 수 있는 기쁨을 누리고자 한다.

08

누구나 작가가 될 수 있다

●

●

코로나 시대가 오면서 세상의 분위기가 변했다. 대면에서 비대면으로, 오프라인에서 온라인으로, 우리에서 '자신'을 찾는 것으로. 다들 위기 상황에서 어려움과 힘듦을 견디고 있다. 무수히 많은 가게에 임대라는 스티커가 붙어 있다. 걸어가면서도 마음이 좋지 않다.

불안정한 시대가 '나 자신'을 찾아가는 과정으로 변환되었다. 불안하고 혼란스러운 감정을 대처하는 방법에 대한 훈련이 필요한 때가 되었다. 현재 출판되는 책들도, 강연들도 그런 내용이 많다. 다들 위로가 필요하다.

바쁘게 살아가는 현대인들에게 '쉼'을 건네는 우주의 신호이지 않을까. 인생의 가장 큰 무기는 자기 자신을 정확하게 아는 것이다. 그것을 바탕으로 더욱더 풍부한 지식을 쌓고 다른 사람들에게 선한 영향력을 미치면서 살아가는 것이 우리가 살아가는 이유라고 생각한다.

과거부터 이 메시지는 전해져왔다. 소크레테스도 말하고 있다.

"내가 아는 것은 내가 아무것도 모른다는 사실이다. 내가 모르는 부분들이 너무나 많고 설령 안다 해도 부끄러울 뿐이다. 그러니 자만할 수가 없고 늘 자신을 겸손한 비움에 둔다. 그리고 부단히 노력한다. 항상 배우기 위해서. 떠오르는 물방울 같은 존재, 무엇을 아는 체하랴! 인정하지 않을 때 흔히 범하게 되는 게 실수이다."

자신을 아는 만큼 세상이 보이고 해결책을 찾을 수 있다.

극심한 스트레스를 풀어내자. 자신의 더 나은 삶을 만드는 것을 의도적으로 해내야 한다. 단순하게 가난한 상황을 벗어나기 위한 해결책을 찾는다면 가난하다고 생각하는 감정에 힘이 실린다. 계속해서 가난이 끌어당겨지고 있는 것이다. 과거의 감정을 털어내고 새로운 감정을 받아들이자. 쓰레기통도 비워내야 새로 채운다. 청소기도 필터를 버려야 또 강력하게 먼지를 빨아들인다. 무엇이든 적절히 버렸을 때 새로운 물건을 채울 공간이 마련된다.

나는 글을 쓰면서 치유가 되었다. 처음에는 그저 감정을 토해내고 싶었다. 끓어오르는 분노를 잠재우고 싶었다. 그래서 일기장처럼 짧게 떠오르는 감정을 전부 적어냈다. 하루에 열 장도 넘게 짧은 문장을 작성한 적도 있었다. 그렇게 매일 빼놓지 않고 기록하다 보니 그 감정들의 공통점이 보였다. 내가 힘들어하는 부분이 눈에 보였다.

'가족'들과 '나 자신'에 대해서 잘 몰랐다. 순간들을 모면하고 피해버리는 것에 급급했다. 진정으로 스스로 좋아하는 것을 미뤄둔 채로 살아왔다는 것을 느꼈다. 그리고 글을 정리하면서 헝클어진 머릿속 생각이 정리되기 시작했다. 그게 되니 객관적으로 나를 달랠 줄 알게 되었다.

나를 가로막는 것은 감정이었다. 다른 사람에게 인정을 받고 싶어 하는 것도, 자존감이 몹시 낮은 것도, 일하는 능력이 길러지지 않은 것도 전부 감정에 의한 결과였다.

그리고 책을 읽으면서 배경 지식을 쌓고 그것을 내 삶에 대입해보기 시작했다. 어떤 책이든 그 속에 담긴 메시지를 찾는 방법을 훈련하고 '나는 어떤가?' 하고 생각해보았다. 그것을 글쓰기로 서평으로 토론으로 풀어냈다.

그러면서 조금씩 나의 세계가 변화하기 시작했다. 신기했던 것은 '나의 세계'가 변화하면서 행동이 변화되었다는 것이다. 명쾌해지는 기분이 매일 지속이 되었다. 그렇게 자신감은 자연스럽게 충전되었다. 그러니 주변 사람들의 행동이 달라졌다.

현재는 생화를 판매하는 일을 돕고 있다. 판매할 때도 자신감 있는 눈빛과 제스처를 갖게 되었다. 매출도 2개를 팔다가 6개를 팔게 되었다. 이는 선순환으로 더욱 자존감이 올라가게 되었다.

'나는 할 수 있다.'라는 정신이 많은 것을 결정한다는 말을 몸소 실감하였다. 누구나 살아가면서 한 번쯤은 책을 써보는 경험을 하기를 바란다. 작가가 되면서 자신의 감정을 알고 강점을 알게 된다는 대단한 경험을 해보면 좋겠다.

인생에서 성공하는 구체적인 방법이 '작은 성공'을 많이 하는 것이다. 꽃길이 다듬어져 있는 곳에서 자란 풀들은 연약하다. 비바람을 뚫고 강력하게 뿌리 내려야 한다는 정신으로 자란 잡초들은 생명력이 질기다. 이곳에서 자라나는 잡초를 뿌리까지 뽑아서 저쪽으로 버리면 그곳에서 또 뿌리를 내리고 자란다. 그래서 잡초를 완전히 제거하려면 흙 근처에 두면 안 된다.

'잔디깎기 엄마'라고 들어봤는가? 자식이 가게 될 길을 미리 잔디를 깎아주어 예쁘게 만들어주는 엄마를 지칭하는 말이라고 한다. 자신이 감내하고 경험해봐야 할 시련의 경험은 큰 자산이 된다. 온실 속 화초처럼 자란 아이들은 엄마가 평생 잔디를 깎아줘야 할 수도 있다.

작은 성공들이 있으려면 도전과 실패를 많이 경험해야 한다. 그 속에서 자신에게 맞는 방향을 향해서 나아갈 수 있다. 이런 인생의 경험들은

'삶의 무기'가 되어 꺼내 쓸 수 있을 것이다.

성공하는 사람들은 이 작은 성공들을 이루어내면서 쌓은 자산으로 밀어붙이면서 살았다. 뚫고 가는 강인함, 끈기, 단련, 이겨냄, 부지런함, 성실함, 용기, 노하우 등 설명만으로 알 수 없는 자신의 무기가 축적이 되는 것이다.

누구에게나 자신만의 능력과 경험의 자산이 있다.

자신은 별거 아니라고 생각할 수 있는 것들이 다른 사람들에게는 꼭 필요한 분야일 수 있다. 그런 부분들은 잠재의식에 숨어 있는 상태라 '깨우침'만 주면 된다. 누구나 100% 발휘할 수 있을 것이다. 어떤 분야인지는 작가가 되면 정확하게 알 수 있다.

자신의 경험들이 누군가에게는 도움이 될 수 있다. 각자가 살아온 배경과 방식의 차이가 존재하기 때문이다. 우리는 무한한 성장을 이루기 위하여 공부한다. 배우는 것에 인색하지 말아야 한다. 어느 것이든 배움이 없는 것이 없다. 독립하여 집을 구해야 할 때도 부동산에 관해 공부해야 한다. 셀프 인테리어를 하고 싶어도 관련 책을 읽고 방법을 배워야 한다. 성공하고 싶어도 이전에 성공했던 사람들에 대해서, 부의 흐름에 대해서 배워야 한다. 배움이 많아야 세상을 똑바로 보고 현명하게 선택하며 살아갈 수 있다.

『백만장자 메신저』라는 책에서는 이를 바탕으로 지식자산을 나누는 방법을 소개하고 있다. 자신의 고유한 지식을 나눔으로 메신저가 될 수 있다. 어느 한 사례에서 주부로 살아왔던 B가 세미나에 왔다. 평생을 주부로 살아와서 자신이 무슨 재능이 있겠느냐고 하며 소극적인 모습을 보이던 B는 주변 사람들이 '정리 정돈'을 돈 받고 대신해서 해줬으면 한다는 사실을 깨달았다. B가 발견한 자신은 몰랐던 재능이었다.

우리는 배움에 관련된 내용을 정리하는 전문가로 성장했다면 그것을 나누어야 한다. 책을 쓰는 작가가 된다면 많은 사람이 책으로 접하게 될 것이다. 그동안 갖은 시행착오 끝에 얻은 노하우들은 모두 소중하다.

자신의 것을 나누게 되는 기쁨을 느껴봐라.

보물과도 같은 소중한 자산을 나누면 두 배로 커져서 자신에게 돌아올 것이다. 그리고 그 풍요로운 느낌은 예기치 않은 방식으로 두 배로 돌아온다. 부를 더욱 키우게 될 수도 있고, 어떤 원하던 것을 이루는 기회로 연결될 수도 있다.

'나눔'의 느낌과 감정에 대해서만 집중적으로 생각해보자. 그것을 오로지 자신에게 기쁨을 주는 체험들에만 허용하게 된다. 이는 곧 기쁨을 끌어당기게 되는 힘을 얻는다. 다른 사람들이 인정하지 않더라도 나눔 자체에 당신이 기뻐한다면 우주에 전달이 될 것이다.

그런 마음으로 자신의 자산과 경험을 세상에 나누어주는 작가의 역할을 평생 한 번은 해보길 바란다. 어렵다고 생각하는 당신은 계속 어려움에 봉착하게 된다. 긍정적인 생각들을 불러일으키며 진취적인 삶에 한 걸음 다가가봐라.

자신을 도와줄 수 있는 경로는 많다.

5 장

지금부터 인생을
바꾸고 싶다면 읽어라

01

부정적인 생각을 버려라

●

●

사람을 만나다 보면 그 사람이 뱉는 말이 곧 그 사람으로 비추어지게 된다. 지속적인 관계를 유지해야 하는 학창 시절을 지나게 되면 오로지 내가 나를 책임지고 살게 된다. '나'라는 상품을 판매하는 하나의 기업이다. 직업이나 맡은 직위에 따라서 다양하게 하루에도 수십 명에서 수백 명을 만나기도 한다. 그 만남이 스쳐 지나가는 인연이 되기도 하고 평생을 간직하는 기억이 될 수도 있다. 그래서 '나'라는 상품을 좋은 면으로 잘 포장을 해서 판매를 해야 한다. 시장성 있는 제품으로 만들기 위해서 부모님에게 받은 몸과 정신에 개성, 매력 등으로 가공을 하는 것이다.

내가 주인인 기업이 시장에서 성공하는 데 필수 요인이 있다.

바로 긍정적인 마케팅이다. 부정적인 행동이나 말버릇은 오히려 값어치를 떨어트린다. 대표적인 긍정 마케팅에는 '아이'를 포함하는 방법이 있다. 남녀노소를 무장해제 시키는 아이의 순수성이 마음의 긍정적인 효과를 불러일으켜서 소비자의 구매욕을 상승시킨다고 한다. 이를 활용하려면 내가 보면서 좋은 것을 사진으로 프린트해서 매일 앉는 사무실 자리, 핸드폰 등에 넣어 다니면서 봐라. 안 좋은 생각이 안개 걷히듯이 사라질 것이다.

기업을 이끌어가는 데서 자기 철학을 세우는 것은 중요하다. 다양한 상황에 맞닥뜨리게 될 때 그것이 지표가 되어줄 것이다. 예를 들어, 치킨집을 인수한다고 하자. 맛있는 치킨을 판매한다고 자부심이 있는 사장님이 되면 성공적인 판매율에 도달할까? 손님을 대할 때 예상치 못한 상황이 생겼다면 어떻게 할 것인가? 맛있는 치킨에 어울리는 소스를 '손수 만들어서' 판매한다는 철학이 있는 집은 그대로 성공할 것이다.

'나'라는 기업의 철학에 긍정적인 생각은 필수 요소이다.

긍정적인 생각은 씨앗이 되어 열매를 맺게 된다.

표정, 생활 태도, 건강, 노화까지 변화시킨다. 20대 중반만 되어도 주변에 "아, 늙었다. 몸이 예전 같지 않다."라는 말을 농담 삼아 입에 달고 사는 사람들이 있다. 내 주변에도 외관상으로는 10살이나 어리게 보이는 선배가 있었다. 그 선배는 매일 "몸을 움직이는 것이 힘들어."라고 말하며 몸에 '늙었다.'라는 인식을 계속 심어주고 있었다. 그래서 결국은 진짜 몸까지 아파서 물리치료가 없으면 안 되게 되었다.

마음가짐이 얼마나 큰 영향을 주는지에 대한 또 다른 사례가 있다.

"마음가짐 하나만 바꿔도 젊어질 수 있다."라는 주장을 하던 하버드 대학교에서 관련된 하나의 실험을 했다. 1979년 미국의 8명의 노인이 일주일간 외딴 마을의 수도원으로 여행을 가게 된다. 단, 반드시 지켜야 할 규칙 두 가지가 있었다.

첫째, 20년 전인 1959년으로 돌아갈 것. 20년 전의 정치 사회 스포츠 등을 현재형으로 이야기하기.

둘째, 청소, 설거지 등 집안일을 직접할 것.

처음 사흘은 느릿느릿 걸음을 겨우 떼며 청소하고 지팡이에 의지한 채 설거지를 하기도 했다. 하지만 점차 1959년을 현재로 사는 것에 익숙해진 노인들에게 일주일이 지났다. 이 여행은 사실은 하버드대학교 심리학과 엘렌 랭어 교수의 '시계 거꾸로 돌리기 연구' 실험이었다. 결과는 참가한 8명 노인 모두 시력, 청력, 기억력, 지능, 악력 등이 신체 나이 50대 수준으로 향상됐다.

신체라는 기계의 수명이 오래될수록 삐걱거리고 녹이 스는 것은 당연하다. 하지만 인간에게는 신체를 뛰어넘을 수 있는 뇌가 있다. 마음가짐을 젊은 쪽으로 사고하고 실제 그것이 이루어졌다고 믿음을 반복하는 것이 성공적인 결과를 가져온다는 사실을 알 수 있는 중요한 사례이다.

좋은 일을 생각하면 좋은 일이 일어나고, 나쁜 일을 생각하면 나쁜 일이 일어난다.

과거에는 '나는 왜 할 줄 아는 것이 없지…' 등의 부정적인 생각만 계속했다. 그러다가 결국에는 우울증까지 생겼다. 어느 순간 유머를 잃어버리고 개그 프로그램을 봐도 '이게 다 무슨 소용인가. 내가 이리 힘든데….'라며 부정했다. 무슨 일이든 심각해졌다. 양발에 20kg 무게의 쇠를 차고 다니는 것 같았다. 마음의 여유가 없으니 유머도 꼬여서 들렸다. 유머를 사랑하면서도 거부하고 있었다.

반면에 나의 부모님은 사업가다. 전국을 돌아다니면서 여러 사람을 만난다. 피곤할 것 같지만 밝은 미소와 유머를 항상 잊지 않으셨다. 매 순간 나에게 "재밌잖아."를 외치면서 최신 유행하는 단어들을 습득하고 나보다 더 잘 사용하곤 하셨다.

한때 '웰빙'이라는 단어가 유행이었다. 근 한 달간은 우리 집에 있던 모든 물건에 웰빙이라는 수식어구가 붙었다. 가령 웰빙 쿠쿠밥, 웰빙 무료 드라이기, 웰빙 채소라고 부르는 방식이었다.

'인생을 즐겨라.'라는 구절은 부모님의 가치관으로 그를 통해 유쾌한 사고를 하는 방법의 기초를 배웠다. 세상에 즐길 수 있는 것은 많다. 놓치고 가기에 아쉬운 것도 많다. 이러한 가치관을 가지고 사시는 부모님은 IMF가 오면서 크게 성장했던 사업이 수그러들면서도 한 번도 부정적인 감정을 내색하지 않으셨다. 그때도 유쾌한 모습을 유지하셨다.

인생은 누구에게나 고단하다.

그렇다고 심각하게 받아들일 필요는 없다. 심각해진다고 상황을 변화시킬 수는 없다. 대신 긍정적인 것을 믿어라. 믿음의 본질이란 막연하게 '나는 ~되고 싶다.'라고 생각하거나 비난하거나 나의 단점을 파헤치는 것이 아니다. 내가 무엇을 믿는지를 선택하면서 그대로 인생을 살게 되는 것이다.

자신의 내면세계를 밝은 것으로 가득 채워라. 잠재의식은 내가 믿는 것을 끌어당긴다. 이것은 법칙이다. 이를 활용하는 방법을 깨달아라. 과거의 부정적인 일들인 지우고 싶은 사건이나 상처받은 말을 계속해서 떠올리게 될수록 더욱 빠르게 부정적인 사건들에 휘말리게 된다. 괜한 이불을 차지 마라. 이미 일어난 일도 자신이 그런 생각으로 가득 채운 것이다. 자신의 미래는 밝을 것이라는 기대감과 믿음으로 채워라.

나는 직업을 바꾸면서 인생이 고단해지기 시작했다. 주변 사람들의 영향보다 내가 믿는 것에 대한 배신감으로 고통 속에 나 자신을 빠트렸다.

당시에 내가 그 생각을 변환시킨 방법이 자연과 함께하는 방법이었다.

스트레스가 쌓이거나 부정적인 감정이 들면 무조건 밖으로 나가서 산책했다. 1시간이고 2시간이고 걸었다. 처음에는 나의 문제에만 집중하고 생각했더니 더 답답해졌다. 그래도 걸었다. 5km 정도 걷다 보면 땀도 좀 난다. 일주일 정도 지나니 주변이 보이기 시작했다. 매일 산책을 나오는 사람들, 나무나 꽃의 변화들이 눈에 들어왔다. 나만 부정적이었고 나무나 꽃은 항상 그 자리에서 밝게 색을 내비치려고 애쓰고 있는 게 보였다. 그들의 소명만을 생각하며 지구의 생명력을 지키려 부단히 애쓰는 삶을 살아가고 있는 것이었다. 그리고 '단순하게 살아야겠다!'라는 결심을 했다.

꿀벌은 꿀을 저장하고 생산하기 위해서 산다. 꿀이 있는 곳은 어디든 간다. 이를 위협하는 적을 만나면 지키기 위해서 목숨도 건다. 철저하게 꿀을 채취한다는 사명으로 산다. 계급사회를 형성하며 공동체 의식도 강하다.

우리는 어떤 사명을 가지고 살아가는지를 깨닫게 되면 부정적인 감정에서 벗어나게 될 것이다. 내가 진정 원하는 것은 다른 어디에 있는 것이 아니다. 나에게 답이 있다.

나의 내면세계를 들여다보고 집중해보면 답이 나온다. 당신이 겪은 구체적인 체험들을 통해서 관점과 견해와 선호들을 떠올려보라. 그것들을 단순한 기호부터 떠오르는 대로 전부 적어보라.

'나는 글쓰기가 좋아. 책을 읽는 것을 좋아해. 책을 쓰는 경험을 하고 싶어.'

이런 식으로 작성한 목록에서 거기서 원하는 것들 다섯 가지만을 선별하면 온전한 나의 것이 남는다.

자신이 미래를 밝게 살아가고 있는 모습을 그려보라. 부정적인 생각이 들 때 분위기 전환을 해보라. 미래에 원하는 어떤 것을 생각하면 점차 부정적인 생각보다 긍정적인 마음이 떠오를 것이다. 이를 반복적으로 하면 삶에서 중요한 모든 주제와 관련해 생각하는 사고 패턴은 자신이 원하는 것들 쪽으로 바뀌게 될 것이다.

02

인생에게 휘둘리는 삶을 살지 마라

●

●

요즘 '자존감'이라는 단어가 많이 사용된다. 사회복지학 사전에는 자신에 대한 존엄성이 타인들의 외적인 인정이나 칭찬에 의한 것이 아니라, 자신 내부의 성숙한 사고와 가치에 의해 얻어지는 개인의 의식을 말한다고 정의한다. 즉 자신 안에 중심을 두고 살아가는지가 관건이다.

휘둘리는 삶을 사는 사람들의 이유를 정리해봤다. 나를 포함하여 많은 사람을 관찰한 것이니 참고하길 바란다.

1. 중심이 내 안에 없다.

의사결정을 할 때도 자신의 견해가 없다. 어떻게 보면 '착한' 사람 같다. 매력이나 개성이 분명하지 않다. 착한 것이 나쁜 것은 아니다. 단지 의견 없이 휘둘리는 상황을 바꿔보려하기보다는 제3자의 입장으로 바라본다. "그래. 네가 하고 싶은 대로 하자. 마음대로 해. 아무거나."라는 말을 반복해서 한다. 내가 원하는 바를 주장하거나 얻어내본 경험이 적기 때문에 점점 더 요구하지 않게 된다. 혹은 주장을 표현하는 방식이 한 번에 폭발하듯이 쏟아진다.

학창 시절 하루는 부모님과 중심가에 있는 지하상가의 구두점을 방문했다. 그곳에서 마음에 드는 구두를 발견해서 부모님께 사달라는 부탁을 했다. 학생 신분이 되고 나서는 큰 부탁 말고는 요구를 하지 않는 편이었다. 그러나 시장 가격에 비해 비싼 값이라고 사주지 않겠다며 거절을 하셨다. 이에 나는 폭발하고 말았다. 평소에 작은 거절들을 겪어보지 않아서 생긴 사태였다. 그 작은 사건이 나의 부탁을, 즉 나를 거절당한 상처로 받아들여졌다.

2. 자기 선택에 대한 확신이 없다.

그래서 삶을 대하는 태도가 수동적이다. 결정을 내리는 것이 두렵다. 나의 결정에 확신이 없으니 자꾸 주변에 의견을 물어보게 되고 그것이 더 괜찮아 보여서 선택하게 된다. 크건 작건 관계없이 모든 의사 결정이 그렇다. 이것은 대화에서도 드러난다. 농담인지 진담인지를 구별해내지 못한다. 말꼬리에 "그치?"라며 동의를 얻곤 한다. 이런 반응이 주변을 답답하게 만들곤 한다. 그들이 왜 그러한지 들여다보면 반드시 주변 환경이 그런 사람이 되게끔 만든다. 그런 주변 환경을 이들이 끌어당기고 있는 것이다.

한 학생이 나에게 와서 고민을 털어놓았다.

"선생님, 저는 미술을 한번 배우고 싶은데 부모님 결정을 꺾지를 못하겠어요."

공부도 제법 했던 학생이었다. 학생의 표현에 의하면 반에서 존재감 없이 공부만 하는 학생이라고 했다. 내가 농담을 던지면 미소를 짓곤 했다. 나는 진정으로 원하는 것을 해야만 하는 이유에 대한 설명을 해주었다. 1년 뒤 미술을 배우고 있다는 소식이 들려왔다.

3. 주변 환경에 잠식되다.

누군가 선택을 해주며 나의 의견은 통제된 상황을 더 편안해한다. 그런 자신의 모습에 익숙해져서 바꿀 생각을 하지 못한다. 선택에 대한 책임을 지지 않으려 한다. 그렇기에 갈등 상황을 만들지도 않고 맞닥뜨렸을 때 회피하곤 한다. 제대로 화해하고 감정을 표현하는 방법을 모른다. 현재의 안정적인 것에 만족한다. 남 탓, 자기 탓을 자주 한다. 자신의 감정과 삶의 가치를 속이기도 한다.

최근 심리학자 김미숙 저자의 『나를 읽어주는 심리책』을 보면서 객관적인 자기 이해를 해야 한다는 것에 공감했다. "나의 모습을 스스로 왜곡하지는 않는지, 나의 행동이 어떠한지, 나는 어떻게 살아왔는지, 나에게 편향된 생각에서 벗어나 객관적으로 마음의 사각지대를 알아차리라."라는 메시지를 전한다.

선천적으로 주어진 신체, 가족, 길러진 성향은 바꿀 수가 없다. 대신 후천적으로 우리의 잠재의식으로 새겨진 나의 소망을 반복하며 미래 모습을 바꿔낼 수 있다.

4. 자신을 드러내지 못한다.

내 감정이 정확하게 인지가 되지 않으니 남들에게 착해 보인다. 미안하다는 소리를 자주 한다. 화를 내지 않고 참는 것이 평화적이라고 생각한다. 화를 내야 하는 상황을 판단하지 못한다. 이를 이용하려는 사람들에게 자신의 모든 것을 퍼준다. 관계의 방향이 일방적 방향이다. 자주 상처를 입는다. 표현을 억누르고 풀어내지 못하다 보니 관계에서 감정의 골이 파인다. 혹은 잘못된 감정이 표출된다. 도움을 요청하지 못한다. 부탁하는 것이 미안하다.

한 모임에서 상대방과 싸우고 난 후 상황에 관한 토론을 한 적이 있다. 예의 바르게 해야 하는 역할과 화가 난 감정 사이에서 어떻게 대처해야 하는지에 대한 갈등을 가장한 상황이었다. 화를 내는 방식도 다양했다. 입을 꾹 닫는다든지, 방문을 쾅 소리가 나게 닫고 들어간다든지, 불만을 토로하는 등의 방식을 이야기했다. 눈치를 보거나 대판 싸우거나 둘 중 한 성향이었다.

평상시 착하다는 소리를 많이 듣는 A는 허허실실 잘 듣고만 있었다. 어디를 가자고 하면 가고, 뭘 먹자고 하면 먹고, 함께 어울려 다니는 것에만 만족하는 듯 보였다. 그리고 하루는 어떤 무리가 노는 자리에 어울리지 못했다. 그 상황의 불만을 이야기하지 못하고 다음에 만남부터 선을 긋고 거리를 두었다. 까닭을 모르는 무리는 A에게 의사를 물어보지 않았다. 많은 상처를 서로에게 줬으리라 생각한다.

위와 같은 이유로 나를 돌보는 시간을 주지 못한 채 살아간다. 그 상태로 결혼하고 아이의 육아를 하면서 잘못된 사고의 습관들이 되풀이된다. 내적 성장을 이뤄서 대물림을 멈춰라.

자립심을 기르라는 말과도 같다.

자립심은 우리가 맞닥뜨린 갈등, 시련이 어떤 경로로 발생할지 예측할 수 있을 때 예방할 수 있다. 한 번 해보면서 알게 되는 경험들이 쌓일 것이다. 그럼 용기를 내고 자신을 의지하는 힘이 생기고 휘둘리지 않는 견고한 벽을 완성해나갈 것이다. 그런 과정에서 성취감, 성장의 즐거움, 스스로 해냈다는 기쁨, 꼼꼼함, 예민함, 인내력, 판단력, 정직함, 예의 바른 습관 등 품위 있게 사는 성품을 기를 것이다.

"하늘은 스스로 돕는 자를 돕는다."라고 하지 않던가. 역대 로또복권 1

등에 당첨된 사람 중에서 평상시처럼 삶을 잘 유지하고 있는 사람들은 소수라고 한다. 자산은 부유해졌으나 일확천금이 일상생활까지는 풍요롭게 만들어주지 못한다. 부, 명예 같은 겉치장으로 당장 식사나 입는 옷들이 달라질 수는 있겠다. 하지만 이것은 결국 허공에 날려 보내는 돈이 될 것이다.

자수성가한 사람은 끊임없는 노력을 한다. 그리고 차곡차곡 실패와 경험을 통해서 환경을 개척해간다. 자신을 단련하고 믿으면서 장애를 뛰어넘는다. 거기서 참된 독립심이 생긴다. 시련이 없는 기회는 힘이 없다.

영화 〈올 이즈 로스트〉 및 원작 『표류: 바다가 내게 가르쳐 준 것들』을 보면 시련을 이겨내는 일생을 감상할 수 있다. 한 남자가 보트가 충돌하여 바다 한가운데 표류하게 되면서 겪는 이야기다. 그 남자가 의지할 수 있는 것은 오직 나침반, 항해 지도, 그리고 자신의 오랜 항해 경험뿐이다. 비바람이 거세게 몰아치는 밤에 사투를 벌이다 이기고 아침을 맞이했다. 또다시 배에 구멍이 나면서 침수가 되는 위기가 닥친다. 그는 시도 때도 없이 죽을 수 있는 위기 상황과 맞닥뜨리지만, 자신을 의지하며 살아낸다. 절대 죽음에 지지 않는 모습을 통해 견딜 수 있는 것에는 한계가 없다는 것을 보았다.

강하게 자신을 믿고 의지하며 살아라. 고생이라는 값을 치르고 근력을 길러라. 인생이 휘두르지 못하게 자신만의 벽을 만들어라. 답은 나에게 있다.

03

독서는 잠재능력을 끄집어낸다

●

●

    사람들은 성공하는 비결, 그들이 가지고 있는 특별한 비법에 대해서 궁금히 여긴다. 우리가 갖지 못한 어떠한 것을 갖고 있음이 분명하다. 그래서 조금이라도 부지런하게 자기계발을 하거나 스펙 쌓기에 열을 올린다. 성공한 사람들은 무수한 자격증 공부를 통해서 성공했을까?

    우리는 인생이라는 배에 올라탔다. 이 배는 자신이 생각한 방향으로만 움직인다. 오른쪽으로 틀어서 가고 있을 때 마음속에서 '왼쪽인가?'라는 망설임이 일렁이는 순간 배는 방향을 잃게 된다. 다른 사람이 조정하지 않는 그 배의 방향키는 자신이 쥐고 있다. 진정으로 원하는 바가 무엇인지 깨달아라. 그리고 그것에 맞게 조종하면 된다. 만일 내가 정한 목적지가 없다면 배는 그저 망망대해를 계속 떠돌 것이다.

성공한 사람들에게는 공통적인 비결이 있다. 자신을 강하게 믿는 확신이다. 그들은 절대 자신이 정해놓은 목표나 스스로를 의심하지 않는다. 혹여나 두려움, 걱정의 일말의 기회도 용납하지 않는다. 그러한 생각이 떠오르지 않도록 차단하는 연습을 한다. 다른 사람들이 손가락질하고 허무맹랑한 소리라고 말하더라도 자신은 확실하게 믿고 있다. 절대 흔들리는 법이 없다.

국민 MC 유재석도 신인 시절 수상하는 자리에서 자신의 능력에 오만하여 무명 시절만 10년을 겪었다. 그동안 성공하는 모습을 매일 그렸고, 작은 자리라도 마다하고 가겠다고 수없이 다짐했다. 그 결과 '메뚜기'라는 별명을 얻고 리포터로 새롭게 시작할 수 있었다.

강한 자기 확신을 가지면 된다.

부정적인 생각이나 마음이 피어오르더라도 긍정적인 생각으로 전환하는 방식을 훈련하라. 자기합리화나 할 수 없을 것이라는 생각은 결국은 할 수 없는 상황을 만들 것이다. 자신의 인생은 자신이 가진 생각들이 가져온 결과이다. 과거에 많이 했던 생각들이 불씨가 되어 현재의 내 모습으로 나타난 것이다.

'나는 할 수 있다.'라는 생각으로 하루를 가득 채워보라. 연습하는 방법은 그다지 어렵지 않다. 잠깐의 시간 동안 긍정적으로 확신하라. 자신이 되고자 하는 분야의 모습을 떠올리며 상상하라.

부자가 되고 싶다면 그 모습을 생생하게 떠올려보라. 승진하고 싶다면 이미 승진의 트로피를 거머쥔 모습을 떠올려보라. 상상의 힘을 믿고 온전히 받아들였을 때 가져올 결과에 놀랄 것이다. 구체적으로 떠올려서 해낸 경험은 주변에서 누구나 있을 것이다. '내가 한 달간은 매일 9시에는 줄넘기 1천 개를 하겠다.'라고 결심하였다. 그리고 일주일이 지나고 부정적인 생각이 차츰 떠올랐다. 그 생각을 하는 사이에 시간이 지체되면서 포기하는 쪽으로 마음이 변하고 있을 때 생각의 전환을 시도했다. 인터넷 창을 열고 되고 싶은 모습의 멋진 몸매의 사진들을 찾아봤다. 10분이고 20분이고 계속 쳐다보니 운동을 하고 싶은 마음이 절로 들었다. 그렇게 시각화를 하면서 한 달 동안 목표를 달성해낼 수 있었다.

잠재의식을 사용하는 방법을 통해서 성공하는 사람들도 강한 자신감을 믿었다. 특히 잠들기 전에 하는 행위들은 매우 중요하다. 과거의 나는 '아무것도 할 수 없는 사람이야. 특출한 것도 없어. 내가 그런 높은 자리를 왜 올라가.' 이런 식의 자기비하를 일삼곤 했다. 그렇게 말하고 다니니 그 말이 현실이 되어버렸다. 나를 보살피는 방법이 필요했다. 그래서 긍정적으로 전환을 시도하기 위해서 책을 읽으면서 성공한 사람들의 모습을 떠올렸다. 그들이 하는 생활 방식, 말버릇, 생각들을 전부 흡수하다 보니 잠자리 버릇이 하루를 관장한다는 사실을 알았다. 그들은 잠들기 전에 하는 습관이 있었다. 독서를 하거나 명상을 하면서 하루를 돌아보고 정리하는 시간을 꼭 갖는다는 것이다.

매일 잠들기 전에 한 시간씩 독서를 하는 빌 게이츠는 이렇게 말했다.

"자기 전 밤에 읽는 책들은 새로운 지식을 얻을 수도 있고 하루 동안 받은 스트레스를 줄여주어 오랫동안 두뇌를 건강하게 유지해줄 수 있다."

이 방법은 낮 동안 피로와 지쳐 있는 몸 상태와 함께 생각도 쉬어주는 역할을 한다. 각자의 지위에서 맡은 역할을 하느라 지쳐 있고 많은 생각을 한 채로 잠을 자게 되면 깊은 잠을 잘 수가 없다. 더욱이 다음 날까지 영향을 미치게 된다.

누군가에게 비난의 말이나 불만을 듣고 난 후 감정이 환기되지 않은 채로 잠들게 되면 그 생각들은 잠재의식에 새겨지고 있을 것이다. 이러한 감정은 반드시 차단하고 잠들어라. 책을 읽어서 그 속의 아름다운 이야기가 있는 삶을 느껴보아라.

우리는 하루 종일 열심히 살아낸다. 일하면서 들었던 기분 나쁜 말, 행동들은 방문을 열 때 두고 들어가라. 잠을 자는 공간은 철저하게 잠을 위해서만 사용해야 한다. 형광등 스위치를 끄면 생각도 멈춰라. 수면 공간은 잠재의식을 관장하는 신성한 공간이다. 신성한 수면 공간에 침범하지 못하게 하라. 이를 성공한 사람들은 알고 행동하는 것이다. 우리가 잠들어 있는 동안 잠재의식은 낮 동안의 생각을 확장하고 그 자체로서 받아들이고 있을 것이다.

반면에 기분 나쁜 말들과 기억들이 남아 있는 채로 잠이 들면 아무것도 하지 못한 상태가 될 것이다. 잠을 자고 일어나도 개운하지가 않을 것이다. 모든 일이 생각대로 풀리지 않는다고 다시 불평을 말하는 악순환이 반복될 것이다.

우리는 태어나서부터 긍정적이고 기쁜 것이 더욱 몸과 정신에 좋다는 것을 알고 있다. 아이들은 표정이 밝은 사람에게 더 웃어준다. 표정이 어둡거나 불안한 분위기를 풍기는 사람을 만나면 자동으로 울음을 터뜨릴 것이다. 표정이나 말투, 행동 또한 긍정적이고 자신감 있게 행동해라. 우리가 상처받는 표정, 말투도 하루에 혹은 영구적으로 영향을 미치지 않았나. 긍정적인 것 또한 영향을 미칠 것이다. 생각을 환기하라. 내가 가진 재능에 대한 확신과 믿음을 가져라. 그게 성공을 불러올 것이다.

어릴 때부터 도서관에 가는 순간을 가장 좋아했다. 책을 읽는 시간을 반드시 확보했었다. 부모님께서 차를 끌고 일주일에 한 번 서점에 데려가셔서 책을 한 권 고르라고 하셨다. 그때 읽었던 동화책을 몇 년 동안 계속해서 읽었다. 그리고는 책 읽는 것을 좋아한다는 확신이 생겼다. 이 확신은 누가 인정해줘서 생긴 것이 아니라 내가 깨닫고 강하게 믿고 있는 사실이다. 주변에서 이런 성향을 비난하거나 욕해도 나는 흔들리지 않는다. 내가 책을 읽는다는 것은 당연한 일이고 계속해서 할 활동이기 때문이다.

자신에 대한 확신에 가득 차면 눈앞에 닥친 장애물은 두려울 것이 없다. 장애물은 뛰어넘을수록 경험과 깨달음을 주는 동반자라고 생각하라. 목표를 향해 달려가라.

화가 프리다 칼로의 인생에는 온갖 장애물들이 화수분처럼 나타났다. 소아마비와 교통사고 후유증에 의해서 불편해진 몸과 남편의 바람으로 인한 정신적 고통에도 불구하고 이를 극복하고자 하였다. 삶에 대한 강한 의지를 미술 작품으로 승화시켰다. 그녀의 작품은 미술계에 크게 영향을 미쳤다.

게임의 끝판인 왕을 깨야 할 때까지 어떻게 하는가? 단계별로 성공과 실패 속에서 원인을 분석하고 이를 발전할 방법을 연구하지 않는가. 캐릭터를 성장시키는 기술의 향상, 전략을 수정하거나 등 뒤따라오는 행동을 취할 것이다. 장애물이 시련이라는 생각을 버려라. '이번에는 어떤 성장을 가져올 것인가?'라고 생각하고 즐겁게 맞이해보라. 장애물을 통해서 자신이 가진 재능을 발전시킬 수 있는 기회이다. 물론 그 과정이 매번 즐겁다고 말하는 것이 아니다. 즐겁게 상황을 전환하는 관점으로 바라보라는 것이다. 인생의 시련을 즐겨라.

우리의 잠재능력도 마찬가지다. 잠재의식은 한계라는 것을 모른 채 계속해서 발전한다. 성공한 이들에게는 장애물이나 주변 사람들의 말에 휘둘리지 않는 강한 자신감이 있다. 자신을 믿고 성공했다는 확신으로 이뤄낸다. 가로막을 것이 없다.

04

기적은 읽으면서 시작된다

●

●

우리의 기적은 신데렐라를 통해서 알 수 있다. 사람들은 하루에도 몇 번씩 기적을 바란다. 신의 존재를 믿지 않는다는 사람도 '저에게도 인생을 바꿀 수 있는 기적을 주세요.'라고 기도한다. 실타래처럼 꼬여가는 인생을 풀지 못해서 한탄할 때 주로 기적을 바란다. 신데렐라의 요정 할머니가 호박을 마차로 바꿔주는 것처럼 지팡이를 튕겨서 인생의 행로를 바꿔주기를 바란다.

신데렐라같이 인생을 대역전하여 화려한 무도회장에 간다는 이야기가 환상인 것만은 아니다. 다만 생각을 잘 다스린다면 가능하다. 생각이 인생을 좌우할 것이다.

인생에서 믿을 수 없는 경험은 누구나 한 번씩은 한다. 그 기적은 언제

나타날지 모른다. 필요한 타이밍에 맞게 일이 벌어지는 것도 기적이다. 우리가 기적을 매일 생각하고 바란다면 어느 순간 요정 할머니처럼 나타날 것이다.

기적은 긍정적인 신호를 보내야 메시지를 듣는다.

기적이란 불평, 불만, 투덜거림, 불안함 등에서 나타나지 않는다. 이런 생각을 지닌 사람들이 성공한 삶을 살거나 위대한 업적을 남기지는 않았다. 성공한 이들은 자신의 마음에 부정적인 감정이 피어오르지 않게 한다.

신데렐라가 마룻바닥을 청소하면서 불평하는 것을 본 적이 있나? 아니다. 신데렐라는 청소를 하면서도 궁전에서 하는 무도회에 갈 생각에 들떠 있는 소녀였다. '나도 갈 수 있다.'라는 확신과 기쁨이 요정을 끌어당겼을 것이다. 자신이 처한 누더기 차림이나 힐난들로 절망감에 빠지지 않았다. 무도회에 초대를 받았으니 가야겠다는 목표를 향해 끊임없이 생각해왔다.

목표가 생긴 이후부터는 구체적인 상황을 그려나가기 시작했다. 예쁜 드레스를 입거나 구두를 신은 자신의 모습을 말이다. '어쩌면 내가 왕자님의 반쪽이 될 수 있어.'라는 소망을. 그 바라는 마음이 목표에 다가갈수록 강해졌다. 무도회에 가지 못할 것이라는 의심이나 두려움은 전혀 갖지 않는다.

우리도 바라는 것을 구체적으로 오감을 이용하여 상상해보자. 성공한 내 모습을 원한다면 얼마를 갖고 싶고, 언제까지 달성할 것인지, 주변 환경은 무엇인지, 누구와 함께할 것인지, 그때의 나의 모습은 어떠한지 영상으로 콘티를 그려보라.

"마음이 예뻐야 보배다."라는 말이 있다.

누구나 보배를 가지고 있다. 이를 어떻게 생각하고 행동했는지가 현재의 나로 나타난다. 다른 사람들은 바로 알아챈다. 아무리 외양을 화려하게 꾸미고 언변이 뛰어나도 그것에 속지 않는다. 그들이 속이고자 하는 저변의 마음을 알아챌 것이다.

신데렐라의 계모나 언니들이 왕자님의 청혼을 받기 위해 아무리 화려한 드레스를 입고 머리를 다듬고 화장을 해도 왕자님은 마음이 예쁜 보배를 알아보았다. 그녀의 긍정적인 자기 확신, 희망, 기쁨 등이 왕자님을 만나게 한 것이다. 왕자님을 기다리면 온다는 허무맹랑한 소리가 아니다.

'나'라는 보배를 얻어라. 사랑을 주변에 전해라. 다른 사람을 돕고자 하는 마음을 가져라. 나누는 것에서 얻는 기쁨을 느껴봐라. 인생이 더욱 풍요로워질 것이다. 나눌수록 두 배가 되어 돌아올 것이다. 도움을 받은 사람의 기뻐하는 모습에서, 내가 도움이 되었다는 뿌듯함에서, 더 나은 세상이 되는 꿈을 꾸는 낙관주의에서 행복을 느낄 수 있다. 세상을 바라보는 눈이 커질 것이다.

신데렐라도 마음씨가 예쁘다. 쥐, 두꺼비 등 생김새를 가리지 않고 도움을 주었다. 주변에 사랑을 나누었다. 나중에 이들이 마차를 끌고 무도회에 갈 수 있도록 집안일을 하는 데 큰 도움을 줄지 예측해서 계산적으로 행동하진 않았을 것이다.

자신만 생각하는 이기적인 마음으로 살던 사람이 있다. 그가 부자가 되고 싶다고 소망하여 이룬다고 행복할까? 시기 질투하는 사람들에게 시달릴 것이다. 지금 사랑을 나누는 것보다 빠르게 성공해서 만들어도 된다는 생각은 고독한 삶을 가져올 것이다.

어차피 인간은 혼자 살 수 없다. 친절과 사랑을 나누다 보면 자신과 비슷한 사람들을 만날 것이다. 내가 풍기는 분위기가 비슷한 부류를 부른다. 그들과 어울리면서 인생에서 도움을 주고받는 상생의 구조를 만들어라. 서로의 성장을 바라고 배움이 있는 관계에서 기적이 일어날 것이다.

사람은 하루 만난다고 그 사람의 생각, 가치관, 마음을 알지 못한다. 그래서 관계 형성에는 시간이 필요하다. 요즘에는 더욱 이런 것에 사람들이 서툴어하고 어려워한다. 자신이 바라고자 하는 모습들을 갖춘 사람을 만나기 위해서 평생을 노력한다.

진심을 담아 사랑을 나눠주는 혜안을 깨달아야만 한다. 행동과 말이 일치하지 않는 미묘한 뒤틀림 속에서 상처를 받는다. 그 속뜻을 알아차리는 시간의 경과가 각자 다르기 때문이다. 복잡 미묘한 관계의 불투명성에서 답답함만 늘어간다.

그래서 책 속 저자를 통해 삶의 지혜에 대한 답을 얻어라. 글에는 뒤틀림이 없다. 비언어적인 질책이나 힐난을 받지도 않는다. 자신이 주려는 메시지를 명확하게 제시한다. 나의 글에서 도움을 얻은 사람들에게 사랑을 전하는 것이다.

삶의 기적을 행하는 것이다. 나 역시도 기적을 행하는 데 도움이 되고자 한다. 자신을 찾는 방법에 대한 고민 상담이나 도움이 필요한 사람들은 나에게 010.7121.2510으로 주저 말고 연락하라.

부모님에게는 당신이 태어난 것부터가 기적이었다.

뱃속에서 건강하게 살아서 세상에 발을 딛고 선량함을 갖춘 독립적인 인격체로 성장하는 기적이다. 당신이 웃어주면 세상을 얻은 사람들이었다. 나의 걸음마가, 옹알이가, 살아 있는 자체가 그러했다. 자신이 가진 재능을 거부하지 마라. 꽃은 지기 위해서 피어나지 않는다. 이것을 잊지 말자. 매일 나에게 크고 자신감 있게 말하라. 그리고 외쳐라.

'내가 기적이다.'
'나는 할 수 있다.'
'나는 할 것이다.'
'나는 행운아다.'
'난 지금 행복해.'

인생을 한 단계 발전시키고자 마음을 먹는 것이 새로운 시작이 될 수 있다. 이미 자신이 가지고 있는 잠재능력을 깨워라. 숨기지 말고 당당하게 꺼내라. 자신을 강하게 믿어라.

신데렐라가 12시에 벗어놓고 간 유리구두의 한 짝이 왕자님이 일깨워 준 잠재능력이다. 그 능력은 언니들에게 맞을 리가 없다. 오직 신데렐라만이 신을 수 있다. 우리 모두 유리구두가 마음에 있다. 어디에 한 짝을 벗어놨는지 헤매지 말고 자신을 믿는다면 나타날 것이다. 어느 형태로든.

과거에 나도 확신 없이 내뱉는 말들이 화살이 되어 돌아왔다. 그런 말들은 허공을 떠돌다가 내가 희망이 없는 시기에 나타나서 공격하고 나를 무너뜨렸다. '1년만 무너져 있어야겠다.'라고 결정한 것도 아니었다. 다시 돌아온다는 보장도 하지 못했다. 그러나 결국 일으켜 세울 수 있는 비결은 나에게 있었다.

'감사합니다.'라고 하루 500번 반복하면서 감사한 일이 생겨났다. 그리고 나를 믿기 시작했다. 잘하는 일은 더욱 잘하게 되었고, 못하는 일은 원인을 찾아내려고 했다. '사랑합니다.'라고 말하면서는 마음을 평화롭게 다스리기 위해서 집중했다. 그리고 마음의 평수가 넓어지는 것을 느꼈다.

소망하는 것들을 공기 중에 흩어질 것으로 놔두지 말고 자산으로 만들어라. 자신의 의식을 높여줄 수 있는 책들을 읽어라. 그 속에 있는 지혜를 흡수하라. 기적을 만들기 위해 부단히 노력하라. 하나의 생각에만 매몰되지 않도록 주의하자.

인생을 배신하지 말자. 자신이 도움의 손길을 내밀면 정직하게 도와줄 수 있는 것이 인생이다. 모든 것에는 이유가 있다. 만약 씁쓸하다고 반박하고 싶다면 마음속에서 두려움, 불안, 회의 등을 생각하고 있지는 않은지 되새겨봐라.

생각의 신비한 힘을 느껴라. 생각의 목표를 성실하고 꾸준히 할 것을 주저하지 마라. 이 생각과 감정과 말의 경이적인 힘을 낭비하지 마라. 당신에게도 신데렐라와 같은 기적이 일어날 것이다.

05

지금부터 독서 방식을 바꿔라

●

●

독서를 하는 이유가 무엇인가?

독서의 방식은 많다. 정독, 속독, 다독, 필사, 목차 독서법 등이 있다. 독서를 하는 사람의 방식이 있다면 그것도 독서법이다. 문제는 꾸준함과 어떤 책을 읽는 지이다. 이에 따라 생각이 변화되고 삶에 강력하게 영향을 미칠 것이다.

책과 친해지는 방법 또한 여러 가지다. 만화책으로 시작하는 사람, 소설로, 작가의 팬으로, 지인의 권유로, 우연히 만난 경우 등등. 전부 상관없다. 책을 읽는 자신만의 노하우를 깨닫는 것이 더욱 중요하다. 단 몇 권을 읽어도 몰입하다 보면 그 초월의 시간을 경험할 것이다.

나는 당시에 책을 읽으면서 집중력을 높일 수 있었다. 한 달에 1권, 일년에 10권 정도를 읽던 사람이었다. 보통은 첫 페이지, 머리말부터 읽었다. 순서대로 읽는 것에 익숙하기도 했고 저자의 생각을 알고 싶었다. 그렇게 읽으면 하루를 독서에 투여해야 했다. 집중도도 따라주지 않았다. 절대 다독을 할 수 없는 구조였다.

그러다가 자주 드나들던 만화 대여점 직원분이 작가별로 읽어보라고 권유했다. 당시에는 만화책을 주로 읽고 있었다. 신선한 조언이어서 방학을 이용하여 그대로 실천해보게 되었다. 흥미가 점점 생기면서 작가의 생각이 조금씩 흡수되었다.

작가를 판단하기에 앞서 저서 두 권 이상은 읽어보라는 말이 있다. 가장 잘 읽은 후기가 내가 인상 깊게 읽은 부분을 입 밖으로 내뱉었는지이다. 학창 시절 『원피스』라는 만화책을 읽으면서 루피 일당들에게 매료되었다. 멜론만 보면 만화가 절로 연상되었다. 그때는 1~20권까지만 나왔고, 나는 전권을 열 번은 넘게 보았다. 밀짚모자를 구매하게 되었다.

그리고 다양하게 많은 종류의 책을 읽어야 한다는 나의 선입견이 깨지게 된 계기였다. 나의 관심은 '재미있게 살기'였고 많은 시간이 있었다. 친구들과도 그 책을 읽었는지 읽지 않았는지로 대화의 방향이 바뀌었다. 스스로 대화의 흐름을 이끌어가는 주체가 된 것이다. 이는 술술 읽히는 책을 읽었기에 가능한 것이었다.

만화책을 계기로 국어 교과서에 나오는 비문학, 현대문학, 시 등을 이해할 수 있는 집중력이 생겼다. 문제 풀이보다 글을 읽는 것 자체에 흥미를 느끼게 되었다. 그리고 많은 일이 겹쳐올 때 현재 상황을 조망하며 '선택과 집중'을 할 수 있는 능력이 길러졌다.

그렇게 지금도 머릿속에 떠오르는, 하고 싶은 것들의 목록을 정리하고 우선순위를 세운다. 현재는 작가이자 1인 사업가로 활동하는 것이 1순위이다.

우리는 학창 시절부터 활자에 많이 노출되었다. 그만큼 주입된 양도 많을 것이다. 그렇지만 대부분이 하루에 사용하는 어휘량은 비슷할 것이다. 교과서를 읽고 이해하는 데는 2,440여 개의 어휘가 필요하다고 한다. 성인이 이해하고 사용하는 어휘 대부분은 생후 48개월 전후에 결정이 된다고 한다.

그때 집중적으로 글을 읽어 어휘 구사가 숙련되면 '문해력'이 향상된다. 즉 글의 의미 파악을 위한 두뇌 활동이 활발해진다는 연구가 있다. 두뇌 활동의 대표적인 생각이 변화되는 예이다.

생각을 좌지우지할 수 있어야 한다. 글의 의미 파악뿐만 아니라 대화의 궁극적인 목적도 이룰 수 있다. 이 '의사 전달'을 명확하게 하다 보면 직장생활의 업무 능력도 향상된다. 주변 사람들과의 관계도 원활해진다. 생각을 지배했을 때 내 삶도 바꿀 수 있게 되는 것이다.

하지만 48개월에 책을 읽지 못했다고 애석해할 필요가 없다. 글자에 계속 노출되고 읽는 노력을 통해 후천적으로도 얼마든지 변화할 수 있다. 꾸준히 읽고 발달시킬수록 도움이 된다. '하루 30분 책 읽기' 훈련을 통해서 생각을 변화하고 발전시킬 수 있다. 책을 읽고 이야기를 나누는 연습을 하라고 전문가들은 말한다. 몸의 근육을 크게 만들 듯이 지속해서 실천해보라. 90세까지는 발전한다고 한다.

집단 속에 있으면 동화되어 행동이나 말투가 비슷해지는 것을 '동료 효과'라고 부른다. 내가 사용하는 어휘의 방식도 이에 따라 바뀔 것이다. 한정적인 부분만을 자극하게 된다. 사고를 키우고자 하나 집단을 바꿀 수 없는 사람들에게 책을 읽기를 권유한다. 그리고 이야기를 나눠라. 의견을 주고받으면서 사고가 확장될 것이다.

우리는 고민이 있을 때 잘된 대화를 통해서 마음이 한결 편안해짐을 경험해본 적이 있다. 그러나 잘된 대화를 매번 나눌 수 없다는 것이 또 다른 고민이다. 그래서 책 속의 지혜를 통해 답을 얻어가길 바란다.

그 차원을 뛰어넘어 실타래처럼 엉킨 문제들을 기록을 해보라. 사람들은 저마다 관심사가 다르기에 내가 좋아하는 분야를 연구하고 지식을 풀어낼 곳이 필요할 것이다. 그럴 때 글쓰기를 통해서 해결하라.

늘어난 지식의 양만큼 소화하고 배출을 해야 한다. 신진대사의 흐름이 그러하다. 과식하면 소화도 느리게 된다. 조금씩 꾸준하게 글을 작성하라. 처음은 일기의 형태로 작성하다 보면 요령이 생길 것이다. 저자의 생각을 이해하고 책에서 한 가지를 선택하여 삶에 녹여내는 것만으로도 식사를 다한 것이다. 자신이 이해한 것을 확인해보는 과정을 반드시 거쳐라.

대화의 핵심은 '경청'이라고 말한다. 독서의 핵심은 '글쓰기'이다.

생각에도 길이 있다. 이 길이 잘 지나갈 수 있도록 청소를 해야 한다. 이 길, 저 길로 뻗어나갈 수 있도록 글쓰기로 길을 터줘야 한다. 명확한 의사 전달이 되기 시작하면 논리적인 사고를 할 수 있게 된다. 이런 논리를 잘 설명하기 위한 근거를 많이 모으게 된다. 그러면서 다양한 책을 읽는 훈련이 되는 것이다.

어떤 책을 읽는지도 중요하다.

나는 요즘에 의식을 확장해주는 책을 많이 읽는다. 그 중 『초인대사들이 답해주는 삶의 의문에 관한 100문 100답』은 삶의 명확한 답을 알려주었다. '현인들이 나타나서 조언을 해주면 좋을 텐데….'라고만 생각했던 과거의 나는 답을 찾지 못했다. 그래서 방황의 시기가 길었다. 변화가 간절했다.

이 책은 시작이 '나'를 중심으로 둘러싸인 우주의 광활한 힘까지 느끼게 해준다. 우주에서 바라본 지구가 손가락만큼 작은 크기란 걸 눈으로 '시각화'하면 나의 고민이 얼마나 작고 나약했는지 알 수 있다.

의식 책은 자신의 장점, 단점을 제삼자가 본 것처럼 객관화시켜준다.

마음에 강한 자신감을 심어주면서 단점도 받아들이게 해준다. 인정하기 싫었던 부분의 깊숙한 이유까지도 드러나게 해준다. 내가 인지하지 못했던 잠재의식에서 부정했던 부분도 드러난다. 바로 내면의 자아와 대화를 통해서이다.

사고를 넓게 확장해준다. 인간이기에 편협할 수밖에 없음을 인정하게 해주었다. 방황하며 휘둘리는 삶을 살았던 이유를 찾게 해주었다. 주입식으로 통제받는 삶을 살았던 나에게 스스로의 의견을 생각해보는 '기준'을 마련해주었다. 그게 얼마나 가치 있는 일인지 느끼게 해주었다. 우주가 나에게 살아가는 이유에 대해 알려주었다.

불투명하던 삶이 뚜렷해지는 순간 망설일 것이 없어졌다. 나머지는 '할 수 있다.'라는 강한 자신감으로 밀어붙이면 된다.

그래서 나를 만나는 사람들과 SNS, 블로그에서 의식을 성장시켜야 한다고 설파하며 살고 있다. 그들과 더불어 이 글을 읽는 독자들도 도움이 되었으면 한다. 같은 책을 읽으면서 각자의 가치관을 공유하는 시간도 가지려고 한다. 자신만의 가치를 공유하는 훈련을 하자.

독서를 하는 방식을 바꿔보라. 생각하는 힘에 긍정적인 기운을 불어넣어라. 끝까지 밀어붙이는 불굴의 정신으로 돌파할 수 있다.

06

미래의 삶을 바꾸는 혁명가가 되어라

●

●

『전태일 평전』을 읽으면서 나는 운동계의 이상주의자로 세상을 바꾸기로 했다. 전태일의 삶에서 부조리를 보았고 그의 투쟁으로 작은 불씨가 일렁이는 것을 보았다. 그의 분신과 항거는 나의 불씨에 불을 지폈다.

전태일은 1965년에 평화시장의 미싱사로 일하면서 근로기준법조차 지켜지지 않는 열악한 노동 현실을 바꾸려고 노력했었다. 10대 미시들은 화장실에 갈 시간조차도 허락되지 않았다. 월경을 시작하면 해고를 당했다. 그래서 재단사 모임인 '바보회', '삼동친목회'를 만들어 청계천 일대의 노동 실태를 조사하여 근로기준법 준수를 요구하는 청원서를 노동청에 제출하는 등 갖은 노력을 했다. 하지만 근로조건이 개선되기는커녕 사업주의 횡포와 노동청 등 정부 당국의 멸시만 이어졌다.

이에 1970년 전태일은 이렇게 외쳤다.

"이 결단을 두고 얼마나 오랜 시간을 망설이고 괴로워했던가? 지금, 이 시간 완전에 가까운 결단을 내렸다. 나는 돌아가야 한다. 꼭 돌아가야 한다. 불쌍한 내 형제의 곁으로 내 마음의 고향으로, 내 이상의 전부인 평화시장의 어린 동심 곁으로. 생을 두고 맹세한 내가, 그 많은 시간과 공상 속에서, 내가 돌보지 않으면 아니 될 나약한 생명체들. 나를 버리고, 나를 죽이고 가마. 조금만 참고 견디어라. 너희들의 곁을 떠나지 않기 위하여 나약한 나를 다 바치마. 너희들은 내 마음의 고향이로다."

이런 항거에 가슴이 뛰었고 온전히 몰입했다. 다른 무엇보다 중요한 이슈였다. 그렇게 보낸 7년 동안 내가 얻은 깨달음은 세상을 바꾸는 것도 '나 자신'이 바로 서야 가능하다는 것이었다. 그 뒤에 공동체가 있고 세상을 품을 수 있는 것이다.

무엇인가를 해내고 싶은가? 인생을 뒤집어 엎어버리고 싶은 가장 확실한 방법은 자신의 주인이 되는 것이다. 자신의 주인이 된다는 것은 정신을 지배한다는 의미와 같다.

모든 것에는 생명이 있다. 생명력의 방향을 결정하는 것은 오로지 나의 몫이다. 모든 내가 하는 생각과 말은 곧 내 삶으로 펼쳐진다. 얼굴, 체형, 건강, 주변의 사람들, 무의식의 세계까지 영향을 미친다.

우리가 하는 생각은 그대로 복사되어 나온다. 좋은 것만 걸러서 나와지지 않는다. 그러니 '원하지 않는다.'라는 생각은 아예 하지 마라. 뒤집어서 진정으로 원하는 것을 생각하자. 생각만 해도 기분이 좋아지는 그러한 것들만 생각하자. 그렇게 매일 연습하면서 더욱 주의 깊게 잠재의식에 새길수록 그 생각은 더욱 강해지고, 강력하게 끌려오게 될 것이다.

생각의 입력값이 완료되면 말로 표시된다. 말에는 내가 하는 생각이 묻어난다. 내가 하는 말에 발이 달려서 주변에 영향을 미친다. 간혹 칭찬을 그 말 자체로 받아들이는 것이 어렵다는 사람이 있다. 기분 좋게 해주는 말들이 상처가 된다고 느낀다. 왜 그럴까? 그 사람의 깊숙한 생각을 들여다보면 자신을 바라보는 '나의 시선'이 뒤틀린 경우이다.

성공한 사람들을 보면서 "운이 좋았네."라고 말하는 사람들은 그 운의 예측 불가능함을 믿는다. 자신이 좌우할 수 있는 영역이 아니라고 판단하는 것이다. 운에도 생명이 있다. 생각하는 힘을 믿듯이 운도 찾아온다고 굳게 생각한다면 신비한 힘이 발휘되어 찾아온다.

운명이 정해져 있다고 생각하고 운명에서 승패의 우위를 건네게 된다면 얼마나 억울한 일인가! 말 한 번, 개선의 의지를 펼칠 상황조차 없다고 생각한다면 그 또한 얼마나 무기력하고 무의미한 삶인가!

운명은 충분히 개척할 수 있다. 가장 빠르게 삶을 혁명하는 방법은 '정신'을 바꾸는 것이다. 세상을 판단하는 능력을 기르기 위해서 수많은 공부를 하는 거고 다른 사람들이 사는 것에서 지혜를 얻는다.

책과 멘토에 의해서 높고 단단할 것 같은 세상의 벽에 금을 가하는 담금질을 해야 한다. 한 방울의 빗방울이 매일 같이 내리면 바위도 깰 수 있다. 해안가에 있는 자갈돌은 동그랗게 생겼다. 처음부터 동그란 모양이 아니다. 수만 년에 걸쳐서 큰 바위가 쪼개지고 바람을 맞고 파도에 휩쓸리면서 지금 우리가 보는 모양으로 나타난 것이다.

우리의 삶도 자갈돌이 되는 과정이라고 생각하자.

얼마 전에 자신감이 주는 신비한 힘을 겪었다. '난 할 수 있어.'라고 하루 500번을 외친 지 일주일 되던 날이었다. 1인 창업을 위한 준비를 하기 위해 신사업창업사관학교에 들어가서 수업을 듣고 있었다. 10명 남짓하는 사람들이 본인들의 아이템을 설명하고 소개하는 자리가 생겼다. 첫 번째로 이야기하며 10분가량의 소개를 했다.

나는 발표에 대한 자신감이 없는 사람이었다. 말을 버벅거리고 머릿속으로 생각했던 하고 싶은 말을 전부 꺼내지도 못하는 사람이었다. 그날의 발표는 갑작스러웠다. 그러나 강한 확신이 들었다. 매일 생각했던 아이템에 대한 고민이 연습이 되었고 그것을 바탕으로 나를 소개할 수 있었다.

자신감으로 가득한 사람들에게 느껴지는 기운이 있다. 자신을 강하게 믿는 그 단단함으로 세상을 대한다. 내가 원하는 삶에 관해 이야기할 때, 다른 사람의 손가락질에 흔들리지 않는다. 전태일도 재단사로 일하면서 문제의 심각성을 느낄 때 그의 무지가 문제라고 생각했다. 그러나 전문 지식을 가지고 있는 사람들은 그를 돕지 않았다. 이에 굴복하지 않고 그는 스스로 근로기준법의 법률에 관한 공부를 하기 시작했고 부당한 처우를 개선할 방법들을 하나씩 구축하려 애썼다.

'난 잘해. 충분히 할 만한 능력이 있어. 지치지 않고 밀고 나갈 거야. 보여줄 것이다.'라고 말하는 사람들이 전하는 아우라를 느껴라. 이 다짐들이 바뀌게 될 미래에 대해 느껴라. 어떤 사람으로 살고자 하는가? 무엇을 하는 것이 즐거운가? 간절한 꿈은 무엇인가? 왜 그것을 하고 싶은가? 질문을 던져라.

나는 1인 창업가와 작가로 사는 것을 선택했다. 과거 원하지 않았던 일들을 억지로 해가면서 퇴근 시간만 바라보면서 시간을 허비하고 살았다. 원하지 않았던 사람들에게서 상처를 받았고 그것이 내 삶에 많은 영향을 미치도록 내버려두었다. 나의 중심을 잃어버린 채 통제가 되는 '안락함'을 놓지 못하고 살았다.

그러나 어느 순간, 이렇게 사는 것은 잘못되었다고 깨달았다. 나를 위한 삶을 살 것을 결심하였다. 그리고 내가 작가의 삶을 선택하면서 행복함을 느낀다. 새롭게 인생을 살고 있다. 그런 삶을 살게 도와준 멘토를 찾았다.

글쓰기를 하고자 마음먹고 인터넷에서 〈한책협〉 카페를 만나게 되었다. 〈한책협〉 대표 김도사님의 "책을 써야 성공한다."라는 말이 나에게 섬광처럼 번뜩이는 아이디어가 되었다. 그리고 책을 쓰는 작가로 직업을 바꿀 뿐만 아니라 삶을 바라보는 눈을 키울 수 있게 해주었다. 나를 살려 주셨다.

그리고 함께 책에서 나를 찾는 방법, 글을 쓰면서 변화되는 생활, 그동안 헤맸던 질문에 대한 명쾌한 답, 살아가는 이유, 다른 사람을 돕는 삶에서 오는 행복함 등에 대한 가르침을 받았다.

내가 가르침 받은 것처럼 다른 이에게 선한 영향력을 미치며 살고 싶어졌다. 내가 깨달은 '운명을 개척하는' 방법에 관한 연구를 하고 있다. 진정으로 자신이 원하는 것을 찾았을 때의 기쁨을 많은 사람과 함께하고 싶다. 그래서 네이버 카페 〈정두리독서코칭연구소〉, 블로그도 운영하고 있다. 도움이 필요한 사람은 나에게 연락하길 바란다.

혁명을 주도하는 사람들에게 있는 인생의 키는 자존감이 높은 것이다. 그들은 자기를 믿는 힘으로 똑같이 인생을 바라본다. 그렇기에 자신의 목표, 꿈이 아닌 것에는 한 치의 물러섬이 없다. 집을 찾아가는 여정에서 목표를 방해하는 돌부리가 길에 있다면 치워버린다. 돌부리에 걸려 넘어졌다고 울고만 있지 않는다. 내가 도달할 집이 어떤 크고 웅장한 집인지만 생각하고 걸어간다.

아르헨티나의 혁명가였던 체 게바라는 이렇게 말했다.

"무언가를 위해 목숨을 버릴 각오가 되어 있지 않는 한 그것이 삶의 목표라는 어떤 확신도 가질 수 없다."

" HASTA LA VICTORIA SIEMPRE (승리를 위해 끝없는 전진을)."

07

지금부터 인생을 바꾸고 싶다면 읽어라

●

●

우리는 현재 불확실성의 시대에 살고 있다. 코로나가 개인의 감정, 전 세계 사회의 생활 양식까지 바꿔놓고 있다. 이런 시대에서 우리는 무엇을 할 수 있는가?

인생에 대해서 불안에만 떨고 있겠는가? 일상의 변화가 생겼다고 그에 두려워만 하고 있겠는가?

위기는 기회이다. 자신의 가치를 더 높이 올릴 기회의 시대이다. 내가 가지고 있는 자산과 강점이 돈이 되고 세상에 영향력을 미치는 것이 가능한 기회의 시대이다. 인터넷은 계속해서 발전하였고 많은 데이터가 공기 중의 먼지처럼 떠돌고 있다. 누구나 이러한 환경을 이용할 수 있다.

그러나 많은 사람은 인생을 바꿀 기회를 미룬다.

'언젠가 돈을 많이 벌겠어.'
'언젠가 세계로 여행을 가겠어.'
'언젠가 살을 빼고 말겠어.'
'언젠가 한번 해볼 거야.'

이 말버릇으로 '언젠가'가 영원히 찾아오지 않을 수 있다. 코로나 시대가 '언젠가' 바뀔 것을 기다리고 있지 말고 현재에 뭔가를 할 기회를 이용하라. 도전하라. 실패를 경험하라.

실패는 인생을 바꿀 수 있는 절호의 기회이다.
실패 속에서 얻는 교훈으로 자신을 발견하는 경험을 할 수 있다. 실패하는 당시에는 깊은 슬픔을 느낄 수 있다. 하지만 잠시만 슬픔을 토해내고 그 실패를 분석해봐라. "나에게 어떤 교훈을 주기 위해 이런 실패를 했는가?"라고 질문하라.

중학생 때 처음으로 자전거 타는 법을 배우고 싶었다. 친구들과 집 근처 공원에서 저녁 여덟 시마다 모여서 운동을 하였다. 그때 친구에게 자전거를 빌려서 혼자 한 시간씩 연습했다. 자전거 페달을 한 번 밟으면 넘어졌다. 균형을 잡지 못하고 좌로 치우쳐서 넘어졌다. 페달을 두 번 밟으면 핸들을 통제할 수 없어서 넘어졌다. 손으로 핸들을 돌리고 발로는 바퀴를 굴려야 했다. 일주일간 한 시간 내내 멍이 들도록 넘어지면서도 다시 연습했다. 가끔 친구가 균형을 잡는 법을 지도해주었다.

'나는 할 수 있다. 기필코 자전거를 타겠다.' 나 자신을 다독였다. 그리고 수많은 연습 끝에 드디어 균형을 잡는 방법을 터득할 수 있었다. 공원을 한 바퀴 돌면서 느끼는 그 쾌감은 잊지 못한다. 성공했다는 성취감, 자전거를 타면서 느끼는 상쾌함, 끈기를 새롭게 발견한 대견함, 두 다리가 자유로워지는 기분 등이 몸속에서 피어났다. 자전거 타는 법은 한 번 익히면 평생 몸이 기억한다.

이 실패를 계속해본 경험은 소중한 씨앗이 되었다. 한 번 넘어질 때 몸이 아프다고 포기했다면 느끼지 못할 것이었다. 이는 나중에 내가 더 큰 실패를 마주할 때 이겨낼 수 있는 강력한 열매가 될 것이다.

인생을 바꾸고자 한다면 실패를 해봐라. 실패는 자신이 추구하고자 하는 것에 도전해보았다는 의미이다. 즉 내가 원하는 것이 맞는지 혹은 틀린 것인지에 대한 작은 실험이다. 인생이 틀렸다는 메시지가 아니다. 이 실험을 지속할수록 자신이 원하는 모습은 정교해지고 특정해진다. 자신감은 이 정교해진 '강점'에 가속력을 가할 것이다.

자신의 강점에서 전문가가 되어라.

그것을 대체 불가능한 것으로 만들어라. 책을 읽고 미리 길을 가봤던 사람의 발자취를 따라 해라. 강점에 대해서 끊임없이 발전시켜라. 누구나 가지고 태어난 운명이 다르다. 그 운명을 깨닫고 갈고닦는 것이 삶이다. 당신이 아직 모르겠다면 그것은 당신이 깨닫지 못하고 있다는 것이다. 자신의 강점에서 전문가가 되면 그것은 생각지 못한 기회를 가져오고 부를 가져온다.

배우는 것에 대한 관점을 바꿔봐라. 전문가가 되기 위해서는 배우는 것에 인색해서는 안 된다. 빌 게이츠, 스티브 잡스, 일론 머스크 등 자신의 분야에 전문가가 된 사람들은 이를 실행하고 있다. 독서광으로 매일 책을 읽는 습관을 들였다.

돈이 없어도 배워라. 돈을 아끼려고 독학으로 모든 정보를 알려고 한다면 소중한 시간을 낭비하는 것과 같다. 모든 세상의 정보를 스스로 깨우칠 수는 없다. 그렇다면 박사들이 평생을 걸쳐 연구하는 논문은 소용없어질 것이다. 시간은 돈으로 살 수 없다. 내 분야에서 전문가가 되었듯이 배우고자 하는 분야의 전문가가 깨달은 핵심을 돈을 주고 배워라.

가치에 대한 투자이다. 세상의 힘은 투자한 만큼 비례해서 돌아오게 되어 있다. 일확천금이란 없고 가만히 앉아서 돈을 버는 일은 없다. 애초에 그 돈이 들어오게끔 준비를 한 투자 시간의 보상이다. 당신이 학생이고 몇 달 동안 과외를 받을 돈이 없다면, 전문가가 과외를 하는 기술에 대해서 배워라. 당신이 직장인이고 매달 월급이 일정하게 들어온다면 자기계발비의 통장을 만들어둬라. 배움은 그 돈이 없다고 미룬다면 당신의 성장도 충분한 돈이 생길 때까지 멈춰 있을 것이다.

신입이고 처음 시작하는 사람뿐 아니라 몇 년 차 직장인도 배우는 것은 반드시 해야 한다. 많은 세미나에서 어떤 예측하지 못한 기회가 찾아올 수 있다. 자신을 발견하게 되는 계기가 될 수도 있고, 나의 강점을 새로운 일과 연결을 해주는 사람을 만날 수 있다.

나는 모든 분야를 배우러 다닌다. 경영 수업, 인간관계 잘 맺는 법, 성공하는 방법, 인문학 강의 등 일일 특강에서 배웠던 것들이 1인 창업을 준비하고 있는 지금 도움이 되고 있다. 전혀 연결고리가 없어 보였던 배움이 하나로 집약되고 있었다. 앞으로도 이 또렷한 경험들이 내가 창업하는 데 확신을 하게 해줄 것이다.

모든 배움을 적극적이고 긍정적으로 받아들여라. 그리고 배우는 것을 성과로 이어가라. 인생을 바꾸고자 한다면 모든 것을 쏟을 준비가 되어야 한다.

단순하게 '나는 인생을 바꿀 거야.'라는 말로는 부족하다. 말의 힘은 신비롭지만, 이 에너지에 생명을 주는 것은 행동이다. 머릿속으로 다짐한다고 당장 내일이 달라지지 않는다. 그랬다면 벌써 모든 사람이 부자가 되었을 것이다.

친구가 슬픔에 젖어 있을 때 머릿속으로 '얼마나 슬프고 속상했니?'라고 위로해주고만 있지는 않을 것이다. 직접 찾아가서 손을 잡아주고 안아주고 같이 속상해 해주고 말을 건네주고 그 슬픔을 이겨낼 수 있도록 곁을 지킬 것이다. 적극적인 행동을 하게 될 것이다. 소중한 친구를 지키기 위해서 자동 반사적으로 알고 느껴지는 감정이다.

당신의 인생에도 당신의 가장 친한 친구인 당신 자신이 슬픔에 빠져 허우적거리도록 내버려두지 마라. 곁에서 힘을 주는 진정한 친구가 되어줘라. 그가 가진 장점에 대해 인정하고 믿음을 주고 응원을 해라.

발상의 크기를 바꿔라. 이 세상은 상상할 수도 없이 광활하다. 우주는 무한하고 끝없는 공간이다. 현실 세계에서 눈에 보이는 증거들만 믿는다면 그 세계에만 갇힐 것이다. 그런 사람들은 '생각만으로 인생이 바뀔 수 있다!'라고 하는 것을 믿지 않고 이렇게 말할 것이다.

"에이. 그걸 어떻게 믿어. 당장 삶도 힘든데. 그럼 왜 여태 안 바뀌었는데."

아주 간단하다. 자신이 믿는 만큼의 세계가 곧 내 미래이다.

우주는 이 감정을 알아채고 '바뀔 수 있다.'라는 소망을 더욱 밀어낼 것이다. 대신에 이렇게 생각하면 행복한 미래는 끌어당겨질 것이다.

"소망은 반드시 이루어진다."

자신이 믿는 만큼 눈앞에 현실이 펼쳐진다. 매일 다니던 길만 걸어간다면 길을 알아보는 감각이 발달되지 못할 것이다. 지도를 보고 새로운 공간을 찾아가는 연습을 하다 보면 초행길에 대한 자신감이 붙는다. 사람을 만나는 것이 부끄럽고 어색하다면 자주 다양한 사람을 마주하고 인사를 나눠보라. 주변에서 롤모델을 찾아서 그가 하는 행동을 따라 해보는 것도 도움이 된다. 우주를 방문하는 상상을 해보아라. 그 우주만큼의 공간이 내 현실이 될 것이다.

『배움을 돈으로 바꾸는 기술』이라는 책에서는 이렇게 말한다.

"작은 가치관에 얽매이지 말고 자신의 세계를 계속 넓혀가도록 합시다."

진정한 자신의 가치가 인생 전반에 가득 차오르는 경험을 하려고 노력하라. 결국, 우주는 우리가 태어난 이유를 계속해서 전달할 것이다.